迷わず書ける記者式文章術

プロが実践する4つのパターン

元日本経済新聞記者
松林 薫

慶應義塾大学出版会

まえがき

本書は、筆者が新聞記者時代に先輩から教わったり、後輩に教えたりした作文の技術や練習方法を、ビジネスパーソンや学生でも使えるよう整理したものです。

想定しているのは、社内の報告書やプレスリリース、大学のレポート、就職活動のエントリーシート（志望動機書）などです。エッセイなどの「読み物」のほか、メールやＳＮＳといったネットで使う文章にも応用できるでしょう。言い換えれば、実用文を、正確に、わかりやすく書く技術について説明しています。

急いで断っておくと、「新聞記事は良い文章の見本だ」というつもりはありません。新聞の文章は無個性で味気ないという批判は、昔からよく聞きます。紋切り型の表現が多く、文学が好きな人には「悪文」にしか見えないかもしれません。

それは、新聞の文章が「規格品」だからです。あとで詳しく説明しますが、新聞の文章は徹底的に「標準化」されています。紙面には様々な種類の記事がありますが、よく観察すると、そのほとんどは「既製の部品」を「共通のパターン」に従って組み立てただけです。**最も重要な構成**

も、ニュースは「逆三角形」、論説は「三部構成」、コラムは「起承転結」、長めの企画記事は「起承展転結」といったように、たった4つの型に集約されます。いわば大量生産品なのです。

しかし、文章を「情報を伝える道具」だと割り切るなら、そのことのメリットは、「味気ない」といったデメリットを上回ります。

まず、書き方のルールさえ知ってしまえば、誰でも簡単にマネができます。

入社時に作文の試験があるので、新聞社には「それなりに文章が書ける人」が多いのは事実です。ただ、全員に文才があるというわけではありません。中には小説家や詩人になるような人もいますが、能力にはかなりばらつきがあります。正直にいうと、ぜんぜん書けない人も入ってきます。

それを半年から1年ほどで「商品になる文章」を書けるまでに育てることができるのですから、特殊な才能や修行を必要としないことは明らかです。例えば小説家を育てようと思っても、こうはいきません。新聞記者にとって本当に大変で時間がかかるのは、「埋もれている情報を発掘して裏をとる」という技術の習得であって、「文章を書く」ことではないのです。

記者式の文章のもう一つのメリットは、応用の幅が広いことです。紙面を眺めると、大半は事実を淡々と伝えるニュース記事です。しかし、他にも社説などの論説から、子供向けの解説、エッセイ風の読み物まで揃っています。中には小説仕立ての記事さえあることに気づくでしょう。これだけの種類の文章が書ければ、たいていの用は足りてしまいます。

しかも、これらはすべて、「少なくとも義務教育を終えた人にはわかる」ように書かれています。そう書かなければならないという業界のルールがあるからです。要するに、美しいかどうか、うまいかどうかはともかく、読みやすいことにかけては折り紙つきなのです。

本書の、この文も記事と同じ方法で書いています。そう見えないとすれば、文体が新聞ではあまり使わない「です・ます調」だからでしょう。ためしに語尾を「だ・た」か「だ・である」に替えてみてください。新聞でよく見る文になるはずです。今度は、末尾を「〜だニャン」か「〜でござる」に変えてみましょう。ネコやサムライが話しているような文になります。

ここまで変えると、指摘されても新聞記事の文体には見えないでしょう。しかし、「骨格」は新聞記事と同じなのです。

つまり、**新聞で使われている文章術を身につければ、大学やビジネスで使う固い文から、ブログなどに載せるやわらかい文まで、幅広く書ける**ということです。

本書は、一般的な文章術にとどまらず、「何を書くか」という構想を練る方法や、文章に盛り込む情報の収集の仕方についても解説しました。「文章が書けない」という人の多くが、実は文章力よりは、こうした「文章以前」の部分で問題を抱えていると思うからです。

ただ、すでに書くテーマがあり、材料も揃っている人は、1〜3章を飛ばして読んでも構いません。すでに書き終えた文章があり、それをわかりやすく推敲、編集したいという人は、6〜8章だけ読めば足ります。

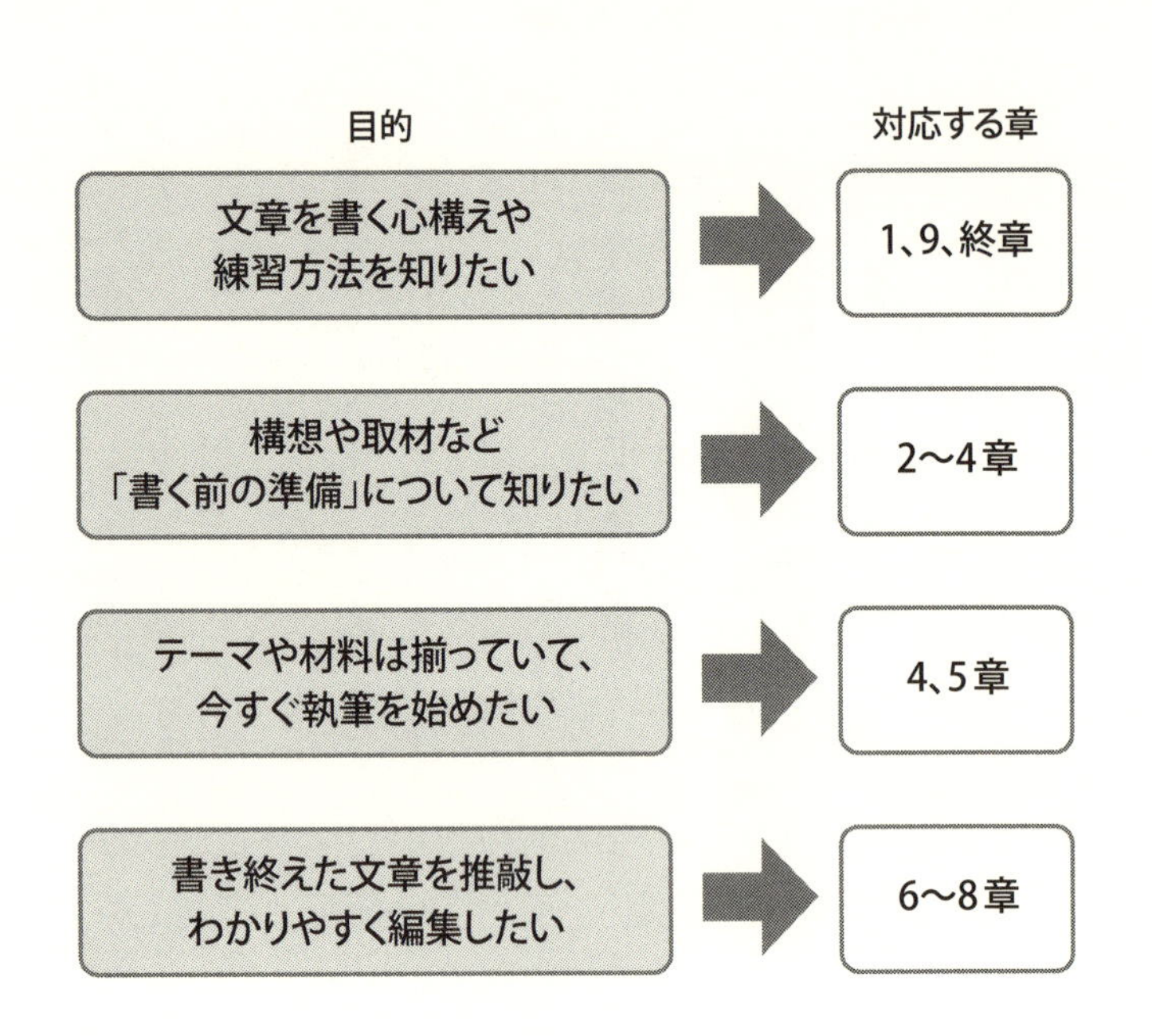
目的
対応する章
文章を書く心構えや
練習方法を知りたい
1、9、終章
構想や取材など
「書く前の準備」について知りたい
2〜4章
テーマや材料は揃っていて、
今すぐ執筆を始めたい
4、5章
書き終えた文章を推敲し、
わかりやすく編集したい
6〜8章
本書の使い方

目次◉迷わず書ける記者式文章術

第5章 文を書く

第6章 読みやすい文章とは……117

第7章 推敲する……143

第8章 説得力を高める……157

第1章

文章を書くとはどんな作業か

大事なのは「何を書くか」

本題に入る前にお断りしておきたいことがあります。この本を読んで文章術を覚えたとしても、そもそも「書くべきこと」「書きたいこと」が明確でなければ文章は書けない、ということです。

これは英会話の勉強とよく似ています。文法を理解し、単語を覚え、ネイティブの先生から発音の仕方を習っても、ぜんぜん会話ができない人はたくさんいます。それは「英語の知識や発音のテクニックがない」からではなく、そもそも、外国人に伝えたいこと、聞きたいことがないからです。逆に必要に迫られれば、知識が乏しくても、それを総動員して、自分の意思を伝えることができるものです。

文章も、大事なのはうまく書けるかどうかではなく、「何を伝えるか」でしょう。つまらない考えを、どんなに美しくわかりやすい文章で綴っても、他人の心を動かすことはできません。これは一流のコックさんでも、食材が腐っていたり、そもそもなかったりすれば美味しい料理を作れないのと同じです。

これは、私が記者修行をしてきた実感でもあります。確かに様々なパターンの記事を書けるようになるには、一定の知識と訓練が必要です。しかし、記者が基本的な技術を身につけるのに必要な期間は、だいたい半年から1年くらいです。

逆に、記者として一生修行が続くのは「情報を集めて分析する」という部分です。人や組織が

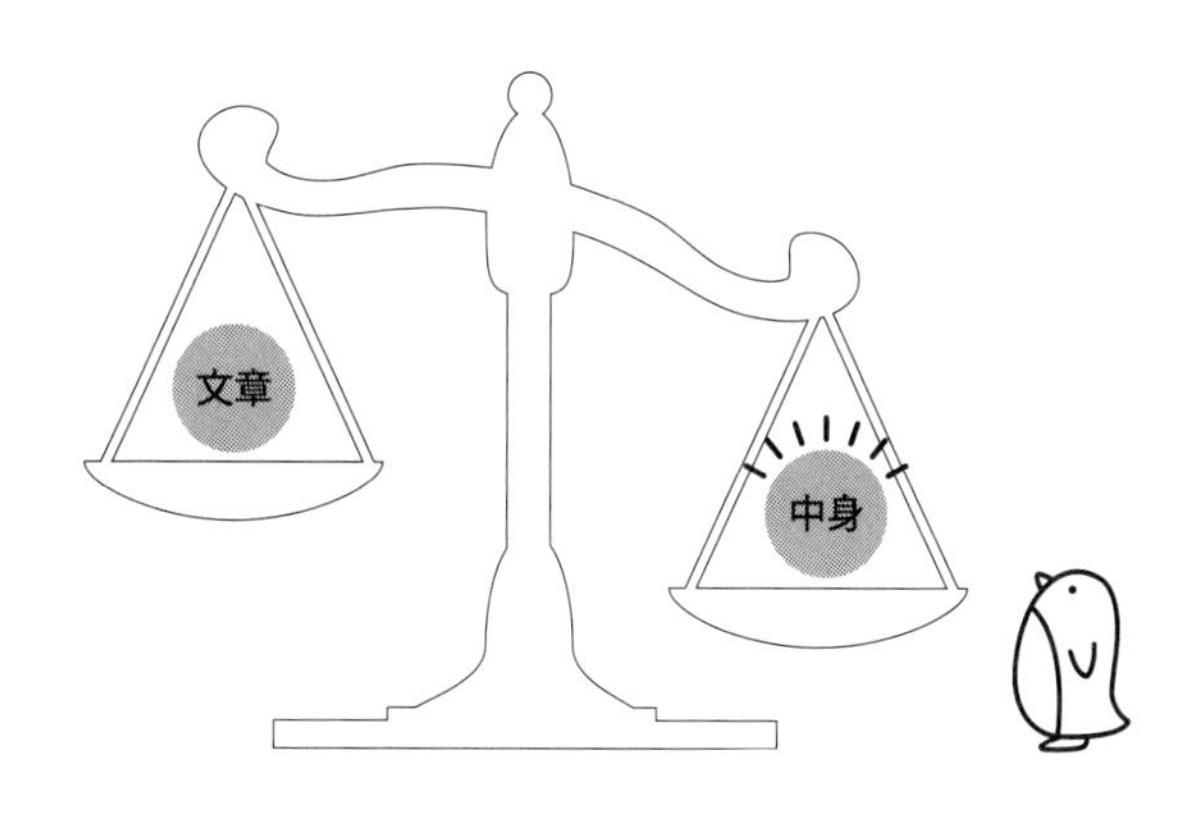

大事なのは文章ではなく中身

隠していることを、どうすれば聞き出すことができるのか。手に入れた情報の真偽を確かめるにはどうすればいいのか。その価値をどういう基準で評価すればいいのか——。つまり、書くべき情報を集める技術の方は、試行錯誤し、議論しながら磨きをかけていく必要があります。

この点をあえて強調するのは、文章を書くことの本質について考えてほしいからです。

記者をはじめとした「物書き」は、文章を操れることにプライドを持っています。このため、文章術について教えるときにも、つい高尚な行為であるかのように説明しがちです。実際、文章の書き方を指南する本を読むと、「ひたすら名文を書き写す」といった、修行めいたアドバイスを目にすることがあります。しかしそれは、技術の価値を過大に評価させ、「何を書くかが重要だ」という事実を見えにくくしてしまいます。

本書の狙いは、「どう書くか」について、最も安直かつ簡便な方法を提案することです。文章を書くことにロマンを感じている人は、マニュアル化されたノウハウに反発を感じるかもしれません。しかし、あえてそうする意味は、本来の目的である「何を書くか」を考える作業に、最大の労力を注いでほしいからです。

実際、新聞に書かれている文章が規格品だからといって、中身がないとはかぎりません。内容が重要であれば、出来合いの文体で書いても、人に深く考えさせたり、感動させたりすることはできます。観賞用の文章ではない実用文は、それで十分なのです。

「文章が書けない」理由

世の中には、「長い文章を書くのが苦手だ」という人がたくさんいます。

しかし、そういう人でも、家族や友達と1時間以上話すことはあるでしょう。おしゃべりな人なら、言葉をすべて文字に置き換えれば、1日で本1冊分（10万字以上）になることは珍しくないはずです。

しかも最近ではSNSで100字くらいの文章は日常的に書いているという人がほとんどです。ところが、パソコンや原稿用紙を前にすると、全く言葉が浮かんでこないのです。

こういう人たちには、大きく分けて三つのタイプがあります。

①書き言葉に慣れていない

まず「書き言葉」に慣れていない人です。同じ日本語ではありますが、話し言葉と書き言葉では、表現が微妙に異なります。とくにレポートや報告書の文体は、日常で使わない言い回しを多用するので難しく感じます。

ただし、これは慣れの問題で、文章が書けない本質的な原因ではありません。母国語として日本語に親しんできた人なら、どんな文体であれ、一つの「文」を書けないというケースはほとんどないはずだからです。

②書くべきことがない

そもそも「書くべきことがない」、というケースは、案外多いものです。

文章は、誰かに何かを伝えるという目的で書くものです。他人に読ませるつもりがない日記でさえ、「未来の自分」に向けて書いているといえます。

言い換えれば、**「日本語を書く能力」があったとしても、そもそも「伝えるべき何か」がなければ、文章を書くことはできない**のです。

こういうタイプの人は、文章術を学ぶより、誰かに話したくなるような経験をたくさんしたり、物事について深く考えて自分の主張を持つようにしたりする方が、ずっと効果的でしょう。アウトプットの前に、インプットが決定的に不足しているわけです。

③構成ができない

さて、「文が書けて」「伝えるべきことがある」にもかかわらず、文章が書けないのはどういうケースでしょう。これは「構成ができない」ことが原因です。

文章とは「文」の集まりです。

1冊の書物について考えてみましょう。例えば新書は普通、12万字程度の分量があります。これは400字詰め原稿用紙にすると300枚くらいになります。原稿用紙を1枚埋めるのに四苦八苦している人にとっては途方もない分量に感じられるでしょう。

しかし1冊の新書でさえ、中身を分解してみると数十字から100字程度の「文」の集まりでしかありません。文がいくつか集まって「段落」になり、段落がいくつか集まると「節」になります。節のかたまりである「章」を並べることで1冊の本ができるわけです。

もっとも、ただ並べればいいというものでもありません。それぞれの文が、段落の中に適切に配置されている必要があります。

SNSのように、せいぜい2~3文の組み合わせであれば、構成を考える必要はほとんどありません。直感的に、思いついたことを順に書いていけば用が足ります。

しかし、長い文章になるほど構成の持つ重要性は高まります。本1冊が12万字で、1文の平均が100字だとしましょう。本は1200の文が集まっていることになります。文を並べる順列・組み合わせは膨大な数になります。それらを読みやすく並べられるかどうかが、「書ける人」と「書けない人」を分ける決定的な差なのです。

ただ、私たちは長編小説を書こうとしているわけではありません。幸いなことに、**学校で課されるレポートや、ビジネスで必要とされる報告書などは、ある程度、構成のパターンが決まっています。**さらに、文体や言葉遣いにも一定のルールがあります。それさえ踏まえていれば、上手い下手はともかく、実用に足る文書を作ることはできるのです。

なぜ記者は過酷な条件で書けるのか

新聞記者は記事を書くのが仕事です。私も日経新聞に就職してからというもの、くる日もくる日も原稿を書くことになりました。その意味では、ジャーナリストは名文家ではないにせよ、「文章を書くプロ」だとはいっていいでしょう。

しかし、同じように文章を書く仕事でも、記者の執筆作業には作家や研究者などとは異なる特徴があります。

まず、短い制限時間の中で原稿を仕上げなければなりません。ニュースは締め切り時刻に配慮して発生してくれないからです。ときには、「今起きたニュースを10分以内にまとめろ」といった命令を受けることもあります。

オフィスも静かな環境ではありません。あちこちから怒鳴り声が上がり、付けっ放しのテレビや、速報を伝える通信社のスピーカーから、絶えず音声が流れています。「静かな環境で、じっくり考えながらでないと書けない」という人なら仕事にならないでしょう。

モジュール化の例

そうした厳しいプレッシャーにさらされているにもかかわらず、なぜ記者は原稿が書けるのでしょう。

その答えは、一言で言えば文章の徹底した「モジュール化」です。

モジュールとは、ある機能を持つように組み合わされた部品の集まりのことです。

と、聞いてもピンとこない人は、模型屋さんなどで売っている電動モーターを思い浮かべてください。モーターも、磁石やコイル、軸などの部品を組み合わせて「何かを回転させる」という機能を持たせたモジュールだからです。

モーターは、他の機能を持つ複数のモジュールと組み合わせることで、ドローン（無人機）やパソコンといった、多様なジャンルの製品を生み出すことができます。このように、異なる機能を持つ「部品の集まり」を利用して、様々な製品を生み出すという設計思想がモジュール化です。モノづくりの世界では、このモジュール化が進んでいます。パソコンや自動車、住宅までもがモジュールを組み立てることで作られているのです。

モジュール・段落・文

実は、新聞の文章もこれと同じ仕組みで作られています。記者が書く文章には、「序論・本論・結論」や「起・承・転・結」など、構成に一定のパターンがあります。このうち「序論」や「転」などが、モーターや車輪といったモジュールに当たります。

さらに、このモジュールを分解すると、100〜150字程度の**段落（パラグラフ）**になります。この段落も、「事例の紹介」「背景説明」など、1段落が一つの役を割り振られています。中には、ニュース記事の冒頭に置かれる「リード（前文）」のように、1段落で一つのモジュールになっているものもあります。

こうした段落を構成する**文**は、ネジや針金といった細かい材料に当たるといっていいでしょう。現代のモノづくりでは、こうした部品についても標準化が進んでいます。形や大きさによって、世界で共通の型番が決まっているわけです。

記者の書く文章でもこの点は同じです。新聞やテレビといった報道業界では、共通する定型表現がたくさん使われているのです。

省庁のなかで政策が発案され、最終的に国会で承認されるケースを例にとりましょう。ある省の部局で、政策の構想が浮上して検討が始まったことが取材でわかった場合、記者は「(〜省が) 検討に入った」という表現を使います。

これは全国紙、地方紙、通信社、テレビなどで共有されている暗黙のルールです。同じことを言うだけなら、「話し合いがもたれた」「実現に向けて模索が始まった」といった無数の異なる表現ができます。しかし、こうした状況を表すときは、所属する新聞社が違っても、みんな「検討に入った」と書くのです。

さらに検討の結果、省として実現に向けて具体的なアクションを起こすことが決まれば「〜する方針を固めた」と書きます。最終的に国会で法案が成立すれば、断定調で「〜法案が可決成立した」と書きます。つまり状況によってどの表現を選ぶかが、業界全体で「標準化 (ルール化)」されているわけです (この点については拙著『新聞の正しい読み方』で詳しく解説しているので、興味のある方は読んでみてください)。

言い換えれば、記者は原稿を書く際に、作家のようにどんな表現をするかで悩む必要はありません。あらかじめ決まったラインナップの中から「選ぶ」だけなのです。こうした仕組みは、原稿を限られた時間内に仕上げる際には大きな強みになります。

新聞記者は、新人教育の時期にこれらのルールや部品を徹底的に叩き込まれます。いったんこの執筆システムを頭に入れてしまえば、どんな過酷な状況でも原稿を書けるようになるのです。

このことは、私たちが文章を書く際にも重要な示唆を与えてくれます。

学校のレポートや就職活動のエントリーシート、ビジネスで求められる報告書などは、いずれも新聞記事と同じ「事実を伝える」ために書く文章です。小説や詩のように文学的である必要はありません。

一方で、誰が読んでも同じように内容を理解できる「わかりやすさ」と「正確さ」、制限時間内に仕上げる「効率性」が求められます。つまり、記者の文章術を応用することができるのです。

新聞スタイルは応用範囲が広い

文章の書き方については、小学校から高校までの国語の授業でも学ぶことになっています。しかし、大学での教育も含め、実用文の書き方について時間を割いて教えている例はあまりないのが実情です。

教え方にも問題があります。国語の教科書では、様々な作家の小説や随筆、評論を取り上げます。しかし、こうした文章は作家の個性が強すぎて、実用文の手本には向いていないのです。

「文章の基準」にするには、一定の規格に従っていなければなりません。参考にしたいとき、いつでも簡単に手に入れられることも重要です。誰でも読み書きできる難易度であることも必要でしょう。

現代の日本で、こうした条件を満たすのは、おそらく新聞の記事だけです。すでに説明したように、新聞の文章は規格化されています。どの記者が書いても同じような形になるし、全国紙から地方紙まで、ほとんど違いがありません。悪くいえば無個性ですが、だからこそだれが読んでも理解できます。

新聞には、事実を淡々と伝えるストレートニュース（雑報）のほか、論説、解説、インタビュー、コラムなど様々なスタイルの記事が載ります。**これらのスタイルを真似れば、レポートや報告書からエッセイまで幅広い文章を書くことができるのです。**

新聞の文体には堅苦しいイメージがあるかもしれません。確かに一見するとそうですが、語尾を「です・ます」に変えるだけでブログや手紙にも使えます。新聞の文章は個性がないと書きましたが、「何を書くか」や「どの言葉を選ぶか」などを工夫すれば、個性を出すことも簡単にできます。

逆に、こうした「基本の型」を身につけずに個性的な文章を書くのは無理でしょう。剣術であれ茶道であれ、最初は基本動作を繰り返し練習して身体に覚えさせます。本当の個性は、その先に生まれてくるものなのです。よく知られているように、ピカソの抽象的で奇抜な絵は、精密なデッサンの技術に支えられています。

速く書くための基本戦略

「書き言葉に慣れていない」「書くべきことがない」「構成ができない」という三つの「書けない原因」を振り返ると、長い文章を書くためのコツが見えてきます。

そもそも「文を書く」こと自体が難しいのであれば、まず文法通りに日本語を書いたり話したりする能力を高める必要があるでしょう。本書はこうした段階はクリアしているという前提で話を進めます。

文が書けるのなら、やるべきことはシンプルです。①書くべき内容を明確にし、②適切な構成のパターンを選んで、文を当てはめていく――だけだからです。

文章の書き方について書いた本の多くは、最初に「良い文とは何か」を、例文をあげて細かく解説します。しかし、本書ではこうした説明は後回しにします。最初から「良い文を書こう」と力むと、いつまでたっても長い文章は書けないからです。まずは「必要な内容、分量を書き切る」ことを目指すべきなのです。

いったん書き終えてしまえば、わかりやすく書き直す作業は、それほど難しくはありません。文章を書くことに慣れていない人でも、他人の書いたものを読んで「これは読みやすい」「これは読みにくい」と判断することはできるはずです。そして、それを読みやすい形に修正することは、さほど困難なことではないのです。

つまり**大事なのは、執筆に取り組む優先順位です。**①書くべき内容を明確にし、②構成を考え、③とりあえず全体を書き、④推敲して文を整える――のです。

この中で、①はさらに「構想」「情報収集（取材）」「価値判断（優先順位の決定）」に分けることができるでしょう。

私は大学で講義も受け持っているのですが、学生のレポートを採点していると、「思いつくま

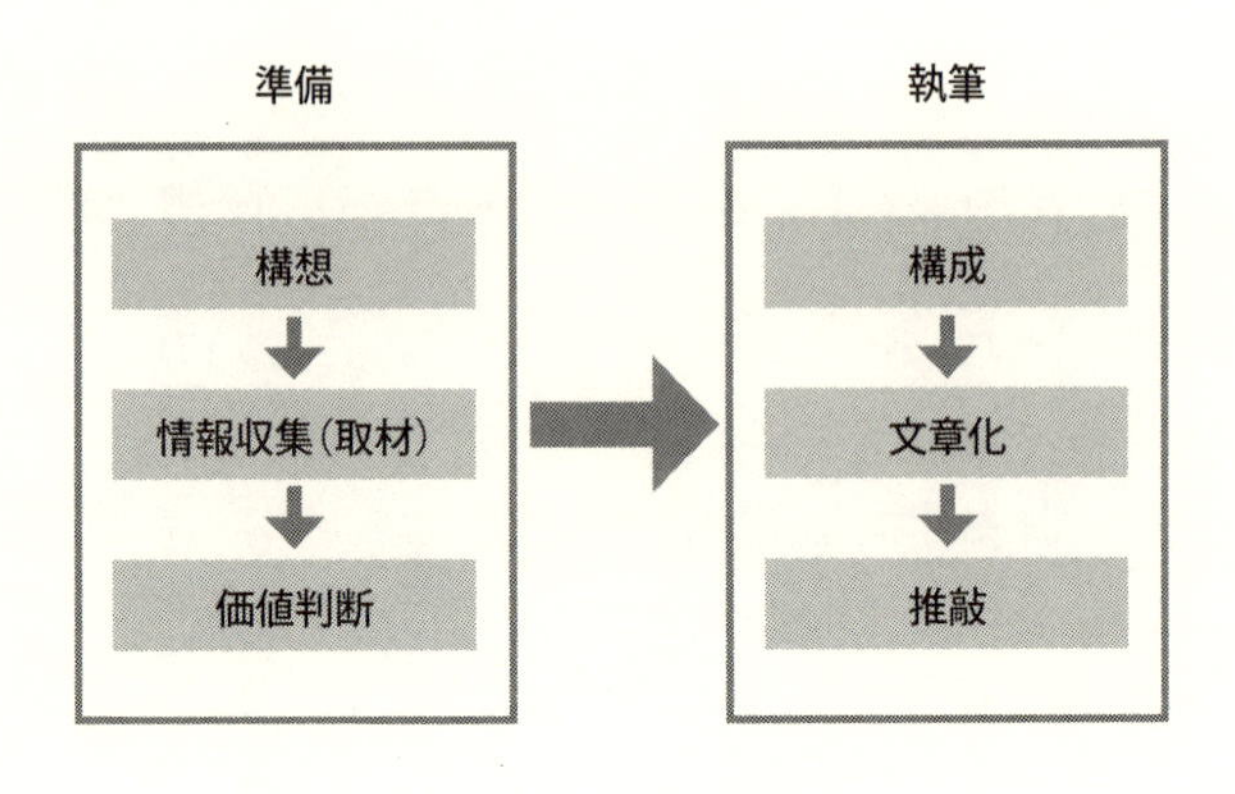

文章の作成手順

まに書いた」答案が目立ちます。そうした文章は、情報が整理されていないので、主張が矛盾していたり、読みにくかったりします。

これは、先に述べた作文の作業手順を、一度にまとめて実行してしまっているからです。社会に出てから文章で苦労したくなければ、学生のうちに「基本の型」を身につけた方がいいでしょう。

第2章

構想を練る

文章の種類を決める

構想を練る段階で決めなければならない要素は、文章の種類によって違ってきます。会社員で、「これから、何についての報告書を書こうか」と悩む人は、まずいないでしょう。テーマは事前に決まっているのが普通だからです。一方、エッセイの場合は、お題が与えられるケースもあれば、自分で自由に決められる場合もあるでしょう。読書感想文も、本について書くことは決まっていますが、どの作品を選ぶか、どういう切り口で論評するかなどは自分で考える必要があります。

これは新聞でも同じです。記者会見の内容を記事にするときは、終わった段階で書くべきテーマは決まっており、材料も揃っています。会見で出てきた情報の中から何を取り上げるかを除けば、自分で考えなければならない項目はそれほど多くありません。

一方、ルポルタージュやエッセイなどの「読み物」はテーマから決める必要があります。連載コラムなら、「政治ネタを取り上げる」「最近できた美味しいレストランの紹介」といった一定の縛りはあったとしても、その枠の中で何を取り上げるかは自由です。言い換えれば、テーマや材料選びのセンスが文章全体の価値を大きく左右します。

構想段階で決めなければならない要素を文章の種類ごとに整理すると、以下の通りです。

実用文を執筆するときに決めるべき要素

実用文の分類	新聞の分類	テーマ	材料	論理	読ませどころ
説明文	ニュース	―	△	―	―
論文	論説	△	○	○	△
エッセイ	読み物	○	○	○	○

①説明文

事実を説明するだけの文章は、執筆前にテーマが決まっていて、材料も揃っていることがほとんどです。材料を集める必要がある場合でも、事実を確認したり、説明のためにデータを調べたりするくらいでしょう。調査報告書のような文書では、調べたり分析したりする作業が必要ですが、この場合は論文・レポートに近いと考えた方がいいでしょう。構成についても、面白さは求められないので、新聞のニュース記事のように、大事な情報から順に、淡々と書いていくのが普通です。

②論文

大学などで書く論文やレポートも、多くの場合、出題者などから大括りの指示があります。ただし、テーマに沿っていれば、盛り込む情報については比較的、自由に決められます。

一般にこうした文章は分量もあるので、材料集めもしっかりしなければなりません。学術論文なら、実験や実地調査などが必要なケースもあるでしょう。これはビジネスの現場で書く、調査報告書や提案書なども同じです。

集めた材料を、どういう順序で並べるかも重要になります。説得力を持たせるための論理が必要なのです。

一方、純粋に学術的な論文などでは「読ませどころ」を考える必要はありません。テーマや材料、実験の結果それ自体が興味深ければ、読者の関心を引きつけることができるからです。

③読み物

①や②に対し、エッセイや社内報への寄稿など、「読み物系」の文章では、自分で決めなければならない項目が多くなります。テーマ、材料、論理はもちろんですが、読ませるための工夫もポイントになります。

とくに長い文章になると、読者は途中で飽きてきます。報告書や論文であれば、読者は我慢して読んでくれるでしょうが、記事やエッセイの場合は、面白くなければ最後まで読んでもらえない可能性もあります。そうならないよう、面白いエピソードを盛り込み、読者が感心するような、意外性のあるストーリーを組み立てなければならないのです。

構成も工夫する必要があります。読者の関心を引き付けることは、ある種の心理戦です。小説は、冒頭に印象深いエピソードを置いて読者を引き込みます。前半には伏線を張り巡らし、後半でそれらがつながっていく様子を見せることで、知的な刺激や感動を与えるのです。推理小説では「どんでん返し」を用意し、あえて読者の予想を裏切る手法も多用されます。実用文でも、読ませる文章では、同じような技を駆使する必要があるのです。

テーマを決める

論文やエッセイなどの良し悪しは、テーマ選びでかなりの部分が決まってしまうことがあります。テーマが興味深くなければ、そもそも読んでもらえないことすらあります。

ただ、テーマ選びについては、これといったノウハウは存在しません。何を面白いと思うかや、みんなが読みたいと思うようなテーマを思いつけるかどうかは、書き手の感性に左右されるからです。

ただ、学校の課題レポートなどで、「テーマを自由に選べ」と言われて考え込む人は多いかもしれません。社内報に「何でもいいから、面白い話を書いて」などと依頼され、かえって困ってしまう人もいると思います。

何も思いつかない場合は、新聞記者が読み物系の企画を考えるときに、どんな要素を重視するかを参考にするとよいでしょう。新聞は「ニュースを載せる媒体」なので、エッセイやルポなどでも、「ニュース価値」の高い題材が優先されます。

問題は、何をもって「ニュース価値が高い」とみなすかです。これについては、万人が認めるような定説はありません。ただ大雑把に、**①読者の関心の高さ、②新奇性の強さ、③社会的影響の大きさ**――の**3要素**にまとめることができます。

次のページの図のように、これらの3要素は完全に独立しているわけではなく、相互に関連しています。例えば、「新しいことや珍しいこと」「社会的な影響が大きいこと」は、「読者の関心を引くこと」でもあるわけです。

①読者の関心

文章は、誰かに読んでもらわなければ意味がありません。多くの人が「今、これを読みたい」と思うテーマを扱っているかどうかが、ポイントになります。自分だけが強い関心を持っている話を書いても、読者は退屈してしまうかもしれないのです。

読者を引き付けるには、すでに話題が盛り上がっている分野から素材を探すのが近道です。「旬のテーマ」は何かを考えるのです。

喜怒哀楽などの感情を刺激するかどうかもポイントの一つです。ニュースでいえば、猟奇的な殺人事件は大きく扱われます。冷静に考えれば、そうした事件はレアケースであり、「社会的影響」の観点からは必ずしもニュース価値が高いとはいえません。ただ、そうした事件は人々に「恐ろしい」「かわいそう」「気持ち悪い」「許せない」といった極めて強い感情を呼び起こします。直接自分に関係はないのに、見出しを目にするとつい読んでしまうのです。

②新奇性

ニュースは「NEWS」であり、文字どおり新しいことを意味します。ニュースの訳語はもと

読者の関心
・流行度
・主要読者との関係の深さ
・感情の刺激度

社会的影響
・関係者の多さ
・影響が続く時間的な長さ
・関係分野への広がり

新奇性
・新しさ
・珍しさ
・奇妙さ

ニュース価値の3要素

は「新聞」で、これも「新しく聞くこと」です。いずれにせよ、ニュース価値の基本に、「新しさ」があることは昔から変わりません。スクープも、みんなが知らなかった事実を初めて表に出すからこそ、価値があるとみなされるのです。

これに加え、奇妙さ、珍しさもニュース価値を高めます。報道の世界では、かつて「犬が人に噛み付いてもニュースにならないが、人が犬に噛み付けばニュースだ」という言葉がありました。今では犬が人を噛んでもニュースになるかもしれませんが、これも、町から野良や放し飼いの犬が減って、珍しくなったからだといえます。

③社会的影響

ニュースがどれだけ多くの人や分野に影響を与えるかや、その影響がどれだけ長引くかも重要です。例えば消費税の増税は、あらゆる人の生活を変えてしまいます。個人だけでなく、企業の活動、国の財政などに関わる問題でもあります。実施されれば、よほどのことがないかぎり元には戻らないので、半永久的に影響は続くでしょう。つまり、あまり面白い話題とはいえなくても、社会的影響が大きく、ニュース価値も高いということになります。

例えば、ネットに載せて、たくさんのアクセスを稼ぎたいなら、三つの要素の優先順位は①>②>③になるでしょう。まずは、「旬の話題は何か」「読者の感情を刺激するか」などを手がかりにテーマを列挙し、新奇性や社会的影響も加味して絞り込むわけです。

一方、公共性が高く、社会性の高いテーマを扱う媒体に寄稿するなら、③>①>②かもしれません。珍しさや面白さはあまりなくても、社会的な影響が大きければ取り上げる価値がある、と考えるわけです。具体的には、新聞の1面やテレビのニュース番組のトップで扱われている、硬派な話題が候補になります。自分の所属する業界で持ち上がっている課題なども価値が高くなるでしょう。

読ませどころの設定

テーマ選び以上に難しいのが「読ませどころ」の設定です。

短い文章の場合、感動的なエピソードや、みんなが感心するような面白い雑学を見つけることができれば、ひとまず安心です。

しかし、長い読み物を書く場合は、そうした個々の情報に加え、それらの「つながり」や「見せ方」の面白さを求められることがあります。裏返せば、テーマや一つ一つの情報は平凡でも、斬新な切り口を提供できれば、読み手の心をつかむことができるのです。

では、人はどんなときに面白いと感じるのでしょう。おおむね三つのパターンに集約できるでしょう。

①知らなかった知識を得る

一つは、知らなかった知識を得たときです。自分はよく知っているつもりになっていた分野であるにもかかわらず、記事に初めて聞く話が出てくれば、「なるほど」と感心します。新しい知識を得ることで、「タメになった」と満足感も得るでしょう。このように読者の多くが知らない知識やデータを記事で提示すると文章の付加価値が上がるわけです。

②予想や常識を覆される

もう一つは、自分の予想や常識を覆されたときです。意外性を感じて記事に引き込まれるわけです。

③別々の要素がつながる

三つ目は、別々に見えていた要素がつながる瞬間です。例えば、ある二つの事象をすでに知っていても、両者のつながりが見えていない場合、記事によって関連性を明らかにすると読者は面白がります。

それぞれに共通する要素は「新しいことを知る」「新しい視点を得る」という点です。つまり、面白い文章は、読み手にとって「新しいこと（ＮＥＷＳ）」を含んでいるものなのです。その意味では、たとえニュースを書こうとしていなくても、記者の発想法は参考になるはずです。

発想法の３パターン

もっとも、「意外で新しい視点を思いつけ」と言われても、戸惑う人が多いでしょう。面白いアイデアを出せるかどうかは、センスや運に左右されるからです。どうすれば意外性のあるアイデアを思いつくことができるのでしょうか。ここでは私が後輩に勧めていた、三つの発想法を紹介したいと思います。

①逆張りの発想

まず、取り上げるテーマについて、常識的なことや、誰でも思いつきそうなことを列挙します。見出しで文章のテーマを知ったとき、読者が「こういう話が書かれているだろう」と想像しそうなことを、あらかじめリストアップしておくのです。

次に、それらをあえて否定してみます。常識とされていることを「実は違う」と仮定するのです。その上で、その仮定が正しいかどうかを考えたり調べたりします。

実際に調査をすると、常識とは逆の話や例が見つかることはよくあります。**常識はかなりの確率で正しいのですが、いつも全面的に正しいとは限らない**ということです。

一般に信じられている話が、少なくともある面では正しくない、ということがわかれば、それは立派なニュースです。読者に、「なるほどそういう面もあったのか」と気づきを与えることができるからです。この「発見」という体験が読者と書き手の間で共有できるかどうかが、成功のカギだといっていいでしょう。

具体例を挙げておきましょう。

新聞の現状をテーマにした企画を考えているとします。誰もが知っているのは「新聞離れが加速している」という現象です。実際、新聞の発行部数は毎年１００万部前後、減り続けています。これだけみると、新聞離れが加速しているというのは覆せない絶対的な事実であるかのように思えてしまいます。

しかし、あえて「新聞離れは起きていない」と仮定してみます。そんなことはありえない、という気持ちがどうしても湧いてきますが、そう仮定してみるのです。その上で、この想定が正しいかどうか検証していきます。

例えば、「そもそも新聞とは何か」と考えてみます。中国語でもそうですが、もともと「新聞」という言葉は「newspaper」ではなく「news」の訳語です。実際、戦前はニュースペーパーのことは「新聞紙」、ニュースのことは「新聞」と呼び分けていたのです。

このように考えれば、実は「新聞紙」離れが加速しているだけであり、「ニュース（＝新聞）」離れが加速しているわけではないことに気付くでしょう。

こじつけ気味の結論かもしれませんが、こういう発想をしてみると「新聞離れが加速している」という常識が、実は物事の一面しか表していないということがわかってきます。

さらに視点を変えると、スマホやパソコンなどでニュースを読む人が増えているということは、新聞記事を読む人は増えていることになります。つまり、紙の新聞の読者は減っているとしても、「新聞を（ネットで）読む人」は増えているかもしれないのです。

ここに気づいてデータを調べると、人々がニュースを読む時間はネット経由を合わせると増えているという調査結果が見つかります。確かに「新聞紙」離れが加速しているという事実はあるにせよ、それが「新聞離れ」を意味しないという新しい視点が得られるわけです。

②掛け算の発想

逆張りの発想のように常識を否定するのではなく、一見、関係なさそうな要素と組み合わせるという発想法もあります。視点をずらしてみるわけです。

手順は4段階です。まず、テーマを聞いたときに誰もが連想すること、常識的なことを考えます。ここまでは①の逆張りの発想法と同じです。

次に、それとは全く関係ないキーワードをランダムに挙げます。例えば、しりとりをしてキーワードをたくさん考えたり、辞書をパラパラめくって、適当なところで手を止めたりして様々な言葉を抽出してもいいでしょう。

次に最初に挙げたテーマや用語と、抽出したキーワードを無理矢理結びつけてみます。このとき、あえてランダムに結びつけるのがコツです。

意外で面白そうな結び付きがあれば、実際にそれが成り立つかどうかを取材で、確かめていくのです。もともと無理に結びつけたキーワードなのですが、調べてみると思いもよらなかった繋がりを発見できることがあるのです。

再び、「新聞」をテーマにするケースを考えてみましょう。①と同じく、誰もが考えそうな「新聞離れ」に、それとは全く関係ないキーワードを掛け合わせてみましょう。常識的に考えれば、「若者」とか「ネットの普及」といったキーワードが結びつくのですが、あえてそれらを避けるのです。

例えば、「ネコ」だとか「2020年東京五輪」とかいったように、関係ない単語をたくさん挙げます。このとき、ある程度は読者の関心を引きそうなものを選ぶといいでしょう。

そして新聞離れと結びつけて検証してみます。例えば「新聞離れ×ネコ」という組み合わせを検討します。

すると、「ネコは新聞の敵か味方か」というお題をひねり出すことができます。紙の新聞に取って替わろうとしているネットニュースでは、かわいいネコの写真で読者を釣る手法がよく使われるので、それほど的外れな設定ではありません。新聞紙を広げると、なぜかその上にネコが座ってじゃまをするという、飼い主にはおなじみの習性もネタにできそうです。「ネットと紙で、ネコ画像の集客効果は違うのか」も面白そうです。

「2020年東京五輪」なら、「次の東京五輪は新聞にとどめをさすか」といったテーマを思いつきます。1964年の東京五輪は、カラーテレビの普及を促しました。そのころ、「新聞はテレビに負けて衰退する」という説が、盛んに囁かれましたが、実際にはその後も新聞の発行部数は増え続けました。新聞のテレビ欄のニーズが高まったのが一因です。

こうした事実を追っていくと、2020年の東京五輪は、むしろ新聞が復活するきっかけになる、といった意外な説が成り立つかもしれません。

③逆算の発想法

まず、最終的に導き出したい結論、取り上げたい話を決めます。この部分は常識的な内容でかまいません。

次に、それがどんな周辺分野に影響を与えているか、仮説を立てて検証します。

取材の結果、もしつながっていることがわかれば、原稿では影響が表れている部分を導入部に使い、最初に考えた結論へとつなげていきます。いわば「風が吹けば桶屋が儲かる」式に構成するのです。

結論自体は読み手も知っている話です。しかし、そこに至るまでの出発点やルートが意外なので、謎解きのような面白さを感じるわけです。

新聞の発行部数が減っていることを結論に設定したとします。これ自体は誰もが知っている事実です。

次にその影響をなるべくたくさん考えてみます。「そういえば古紙回収がなくなったな」と思いついたとしましょう。昔は住宅地にチリ紙交換の軽トラックがやってきて、古新聞の束を回収し、引き換えにトイレットペーパーやティッシュペーパーをくれたものです。１９７３年のオイルショックのころには、古新聞はトイレットペーパーなどを生産するための貴重な資源で、集めるとお金になったのです。

その後、自治体が回収を担うようになりましたが、最近では問い合わせると「燃えるゴミの日に出してください」と言われて、びっくりすることがあります。

そうなると、「じゃあ今の再生紙って原料は何なんだろう」という疑問がわいてきます。新聞紙の回収量はどんどん減ってるはずだからです。一方で、エコブームに乗って「再生紙」という表示のある紙を見る機会は増えています。ということは、トイレットペーパーや段ボールといった再生紙を扱う業界で、大きな変化が起きている可能性が高いわけです。

これを実際に取材して、面白いエピソードを見つけます。原稿を書くときは、トイレットペーパーや段ボールなどにまつわるエピソードから始めます。

例えば、「3年前、段ボール業界の人々が頭を抱える事件が起きた」といった書き出しで、エピソードを描きます。記事を読み進めると、「実はその事件の背景には、新聞離れによる古紙供給の減少があった」という結論が見えてくる構成にするわけです。

新聞離れが古紙の供給を減らすこと自体は意外ではありません。しかし、古紙を原料とする段ボールやトイレットペーパーにまつわるエピソードから書き始めれば、読者は新聞離れの話に繋がっていくとは気づきません。こうして意外性を演出するわけです。

いずれの方法も、「仮説を立てて検証する」という部分がポイントです。立てた仮説のうち大半は、検証すると成り立たないことがわかります。しかし、誰も気づいていない斬新なアイデアを出すには、こうした「無駄」が不可欠です。そして、こうした仮説・検証を繰り返していると、「成立する仮説を考えつく確率」が上がっていくのです。

ブレーンストーミング

面白いアイデアをポンポン出せるようになるには一定の訓練が必要です。最初のうちは、こういう発想法がなかなかできない人もいるでしょう。そういう場合は、数人で集まって「ブレーンストーミング」をしてみることをお勧めします。

ブレストは、頭から無意識的にアイデアを引き出す方法です。具体的には、数人で集まって、あるお題について順番に発言し、それを一人がホワイトボードに書いていきます。

その際、「それはイマイチだ」とか「それは成り立たない」といったネガティブな批評は一切加えません。アイデアの評価は、質より量を重視し、思いついたアイデアを出まかせで挙げていくのです。個々のアイデアの評価は、数が十分に揃った後でします。

①逆張り

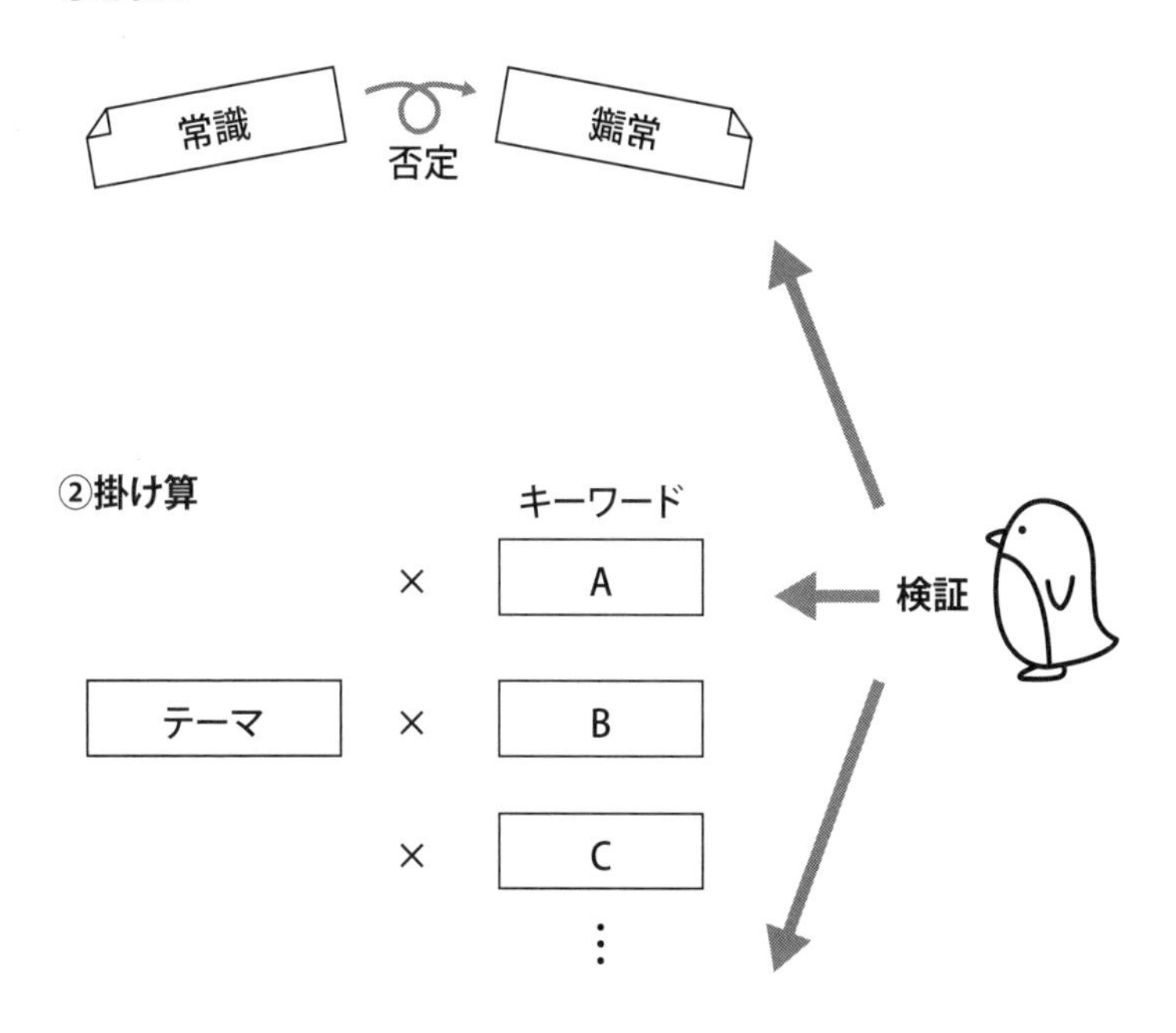

③逆算

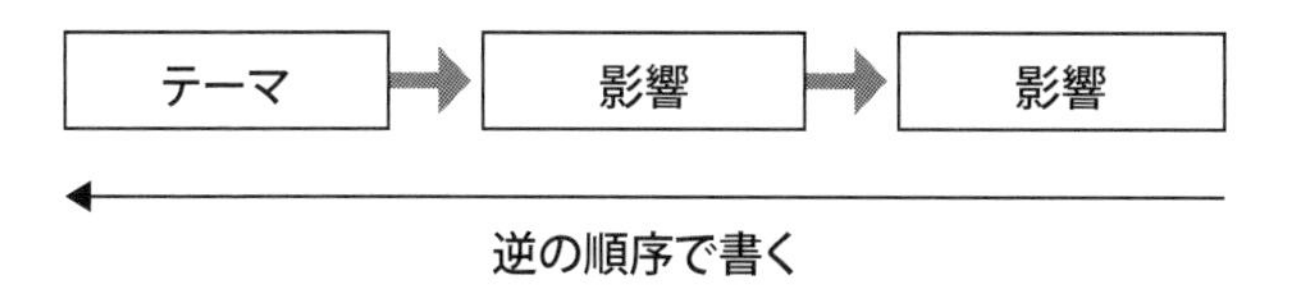

発想法

これは自由連想法に似た発想法だといえます。一人で普通に考えていても出てこない、不思議なアイデアが、無意識に口から出るようになってきます。

逆に避けた方がいいのは「とりあえずネットで調べる」という方法です。テーマが決まると関連するキーワードをネットで調べてみる、という人がたくさんいます。これは効率的な方法に見えますが、実際には面白い話は出てきません。

なぜなら、グーグルなどの検索エンジンは、最も多くの人が読んだサイトや、最も多くの人が必要としている情報を表示するシステムだからです。

面白い記事を書く上で必要とされるのは、ほとんどの人が知らなかったり、思いつかなかったりする意外な事実です。ネットに頼ると逆の結果になってしまうのです。

「まずは自分の頭で考えてみる」という姿勢は、ネット時代にこそ重要です。事前に調べて情報を得ることも重要なのですが、そこで得た情報に縛られてしまうと面白いネタは発見できなくなるものです。

むしろ、常識的な結論や、みんなが知っている事実をあえて疑い、先に述べたような発想法で新しい仮説を立てた上で検証するという回り道が面白い文章を生むのです。

第3章

取材の方法

メモのとり方

「新聞記者」と聞くと、政治家の周りや事件現場でメモを取っているイメージが思い浮かぶのではないでしょうか。取材でICレコーダーやパソコン、デジタルカメラを使うスタイルが増えてはいますが、今でも紙のメモ帳は記者の七つ道具の一つです。

メモのとり方は、どんな記事を書こうとしているかによって違ってきます。

速報の原稿を書くのであれば、基本的には「キーワード」や「要点」を中心に書きます。立ったまま人の話を聞く「ぶら下がり取材」で、発言のすべてを書き留めるのは物理的に不可能です。最近では、同時にICレコーダーで録音しているので、細かい文言は書いていなくても確認できるという事情もあります。

「だったら、そもそもメモをとる必要なんてないじゃないか」と思うかもしれません。しかし、メモをとる意味は単なる「記録」ではないのです。

ニュース取材は時間との勝負です。取材が終わってパソコンに向かうと、録音を何度も聞き返したり、原稿の構想を練ったりする時間はありません。取材先から話を聞いたり、現場の様子を観察したりしながら、同時に「どこが字（記事）になるか」を同時並行で判断しなければ、締め切りに間に合わないのです。

言い換えると、**記者にとってメモをとることは「情報の取捨選択」をする作業**だといえます。

仮に、発言のすべてを正確に書き留められたとしても、そんなメモはかえって役に立ちません。「何がキーワードか」「原稿には何を書くか」という情報が入っていないからです。

「この発言は引用しよう」と思ったら、そのフレーズはなるべく正確に書き留めます。一方、発言をそのまま引用しない部分については、あとで思い出すきっかけになるキーワードだけでも十分です。例えば、取材先がある行事の日程について説明した場合、細かい表現は書き留めなくても、「4月3日スタート」というメモだけで原稿が書けます。

フレーズも、なるべく修飾を省きシンプルに書きます。「会長が演説」のように、主語と述語が最低限わかる、見出しのようなスタイルにするのです。これは原稿を書くときにその方が便利だからです。

こうした、「原稿に書くべきポイントを絞り込むためにメモをとる」という考え方は、ビジネスの現場でも応用できます。人から話を聞いて文章を書く場合、ノートやメモは漫然とすべてを記録するのではなく、情報の重要度を判断しながらとるのです。

訴訟対策としてのメモも切実です。報道は名誉毀損などで訴えられるリスクと隣り合わせです。裁判にならないまでも、発言を報じられて立場がマズくなった取材先から、「自分はそんなことは言っていない」などと反論されることはしょっちゅうあります。こういったケースでは、その場でとったメモが一定の証拠能力を持つのです。

このため、記者がメモをとるときには、後で消したり書き直したりできる鉛筆は使いません。証拠としての価値が下がってしまうからです。同じ理由から、ページを抜いたり順番を入れ替えたりできるルーズリーフ型のノートも使いません。取材を始めるときは、まずページの最初に日付と場所、一緒にいた人の名前を書き込みます。

最近は報道に限らず、学術論文の捏造騒ぎや、ブログやSNSの記述を対象にした訴訟が増えています。たくさんの人の目に晒される文章を書くときは、根拠を疑われても反論できるよう、こうした「証拠」はなるべくたくさん残しておくと、リスク対策になります。

裏をとる

文章は、正確でなければなりません。嘘や間違いを避けるには、事実関係を何重にもチェックしてから書く必要があります。このように、事実の裏付けをすることを、記者は「裏をとる」と言います。これは仕事の基本なのですが、同時に一般に考えられている以上に難しい作業です。どこが難しいのか、具体的に説明しましょう。

あなたが新聞記者だったとしましょう。ある大学病院で傷害事件が起きたという一報を受けて現場に駆けつけ、病院の広報担当者とこんなやりとりをしたとします。

「お聞きの通り、先ほど当院の外科病棟で傷害事件が起きました。ケガをしたのはうちの外科医で、名前はヤマダジュン（山田純）です。本人や目撃した看護師によると、巡回診療中に廊下で女に顔を切りつけられたそうなんです。犯人はすぐに取り押さえられて、警察に引き渡されたんで他に被害はないのですが」

「凶器は何です？　ケガの程度は？」

「医療用のメスです。実は、犯人はうちの山田と面識がある看護師らしいんです。すぐ、同僚の医師が手当をしたんですが、顔を3針、縫いました」

「加害者は看護師なんですか？」

「ええ。言いにくいんですが、山田によると元交際相手で、どうも痴情のもつれというか、別れ話がこじれていたようなんですね。山田は来月、結婚を控えているんです。プライベートな話なんで、そこは書かないでくださいね」

「配慮します。山田さんの年齢は？」

「ええ〜っと42歳ですね」

「犯人の名前と年齢は」

「山田によるとカワモトヒロコ（川本浩子）、32歳です」


さて、この取材で記事が書けるでしょうか。実は、このような詰めの甘い取材では、誤報が出てもおかしくありません。どこが不十分か気づいたでしょうか。

この取材に基づいて、次のような速報記事を書き上げたとします。

医科歯科大学付属病院で25日、勤務する四十代の男性医師が女に刃物で切りつけられる事件が起きた。女はすぐに取り押さえられ警察に引き渡された。医師は顔を医療用メスで切られて

3針、縫うケガ。加害者は同病院に勤める三十代の看護師で、医師と交際を巡ってトラブルになっていたという。

一見、何の問題もなさそうですが、誤報になるリスクが高い原稿です。
まず被害者を「男性医師」としています。プライバシーに配慮して、取材で名前は聞いたのにあえて匿名にしたわけです。その判断自体はいいとしても、なぜ「男性」と断定できるのでしょうか。

犯人が女性で、その人と恋愛関係にあったからといって男性だとはかぎりません。名前は「純」ですから、女性でも男性でもおかしくありません。つまり、「男性医師」と書くのであれば、取材のときに「山田さんは男性ですか」と確認する必要があったということです。

もう一つは、犯人の所属です。「同病院に勤める」としていますが、本当でしょうか。広報は彼女の職業を言っただけで、山田氏とは違って「うちの」などとは表現していません。名前や年齢も「山田によると」と言っていて、不自然です。同じ病院の看護師なら名簿があるはずで、山田氏からの伝聞で話す必要はないのです。

つまり、この取材では、記事を書くうえで欠かせないポイントを少なくとも2点、確認していないということになります。

しかし、二人のやりとりを読んでいて、これらの点に気づいた人は少ないのではないでしょうか。「女性と交際するのは男性」「病院の中に看護師がいれば、そこに勤めている人」というのは、自然で常識的な判断だからです。付け加えれば、「外科医といえば男性」という思い込みも働いているかもしれません。

あなたが実際に現場にいたら、この2点を広報に聞くのは、無駄で、恥ずかしいと感じるはずです。もし医師が想像通り男性で、看護師も同じ病院の人だった場合、相手に「この記者はなぜ当たり前のことを聞くのだろう。頭が悪いのではないか」と思われる可能性があるからです。

日常会話では、こうした「当たり前」のことはいちいち確認しません。問い返さず「察する」のが常識的な態度だからです。しかし、記者はここで察してはいけないのです。相手にバカだと思われても、こうした点を一つ一つ、潰していかなければなりません。それが「裏をとる」ということなのです。

この例を、極端な「ひっかけ問題」だと感じた人もいるでしょう。しかし、記者は、こうした落とし穴に毎日のように遭遇します。そして、実際に「痛い目」にあうのです。そうした体験を通じて、「馬鹿になる」ことの大切さを知ります。

一般の人は自分が信じている情報を疑うことはほとんどありません。「そこは常識や想像力で補えよ」という無言の圧力に負けて、あいまいな情報の確認を怠りがちです。しかし、あえて疑って調べてみると、自分が何も知らないことに気づくことはよくあるのです。この**「無知の自覚」を持っているかどうかが、記者とアマチュアの最大の違い**といってもいいかもしれません。

資料で確認する

こうした心構えの重要性は、資料を使った裏付け調査についても当てはまります。まず、**「自分はこの事実を知っている」という思い込みを捨てる必要があります。**言い換えると、「自分がすでに知っていること」を疑う必要があるのです。

例えば、鎌倉幕府ができたのは何年か覚えているでしょうか。私たちの世代は1192年だと教わりました。語呂合わせが「いい国作ろう鎌倉幕府」と覚えやすいこともあって、今でも多くの人が常識だと思っています。

しかし、最近の歴史教科書では、このような単純な教え方はしていません。1192年は源頼朝が征夷大将軍に任命された年にすぎず、幕府はそれ以前から段階的に成立していったという考え方が主流になっているからです。

こうした事実は、ちょっと調べればわかります。しかし、自分の常識を疑って調べないかぎり、絶対に気づきません。何しろ、かつて学校のテストでそう書いてマルをもらっているのです。そして、この手の思い込みというのは、私たちが思っている以上にたくさんあるのです。

では、細かい情報の裏をとるには、どんな資料を使えばいいのでしょう。まず、信頼性の高いものを選ぶ必要があるでしょう。具体的には、以下のような資料を優先します。

①役所や公的機関の作成した文書
②金融機関や大手シンクタンクの作成した資料
③一般紙の記事
④学術書や学術論文
⑤版を重ね、専門家にも引用されている書籍

こうした資料は、一般に複数の人の検証を経たうえで発表されます。チェックの基準や手順がある程度決まっており、それに携わる人も一定の知識と能力を持っていると考えられます。

こうした文書を公表する組織は、間違った情報を発表すれば信頼を失い、仕事がしにくくなります。つまり、間違いを極力減らす努力をする動機も持っています。このため最終的に発表する文書には、間違いが少ないと推測できるのです。

逆に、個人や、しっかりしたチェック体制を備えていない組織が作った文書の信頼性は低いと考えた方が無難です。ネットで検索すれば、そうした情報がたくさんヒットしますが、裏付けには使わない方がいいでしょう。

現場、現物、現人にあたる

刑事もののドラマや小説には、「現場百回」という言葉がよく出てきます。現場に何度も足を

運ぶと真実が見えてくる、という教訓です。

百回は大袈裟にしても、記者の世界でも現場を実際に訪れることは重要だとされています。言い換えると、他人から聞いた間接情報や、データなどに変換された情報は、重要なポイントが抜け落ちている可能性がある、ということです。

同じ文脈で、記者は「現物の確認」と「対面取材」も重視します。現場と合わせ、現場、現物、現人の「三現主義」と呼ぶ人もいます。もっと一般的な言葉でいえば**「1次情報を大切にする」**ということでしょうか。

現場の写真や画像、そこで計測されたデータなどを見ることは、もちろん重要です。しかし、そうした情報には正確性や情報量の面で限界があることも意識しておく必要があります。

取材の際にやりがちな間違いは、ネットで手軽に集められる情報に頼ってしまうことです。例えば、現場に行かなくても、グーグルアースやユーチューブを検索すれば、ある場所の様子は見ることができます。それでわかった気になってしまいがちなのです。

しかし、そうしたネット情報は二つの面で問題があります。一つは「鮮度」の問題です。グーグルアースやユーチューブにアップされた画像や動画は、最近撮影されたものとはかぎりません。住宅地が写っていても、今は更地になっている可能性もあります。にもかかわらず「そこは住宅地で～」などと書けば、間違いになってしまうのです。

もう一つは、情報が不完全だということです。画像や動画のような、現実を正確に切り取ることができそうな手段でも、ある種のフィルターがかかっています。また、現場の匂いや湿度は記録できません。カメラの死角に、決定的に重要な情報が隠れている可能性もあります。

他人の「編集」を経た情報は、さらにこうした問題が多くなります。

「著作物の孫引き」は細心の注意を払わなければ、落とし穴にはまります。他人の著書や記事で、第三者の著作からの引用があったとしましょう。その著者が信用できる人であっても、引用部分を孫引きして使用するのは、できるだけ避けたほうがいいでしょう。孫引きであることを示し、出典を明らかにしたとしても、リスクが残るといわざるを得ません。

なぜなら、引用されている部分以外を見なければ、真意や正確性を判断するのは難しいからです。引用者がそのフレーズを切り取った段階で、その情報は前後の文脈から切り離されてしまいます。捨てられた情報を見ないまま、引用部分を評価すると、伝言ゲームのような勘違いが発生し、ビジネスではトラブルに発展する危険もあるのです。

インタビューの方法

「人から話を聞くこと」をインタビューと呼びます。外国では企業などの採用面談などもインタビューですが、日本では一般に「対面取材」という意味で使われています。「インタビュー記事」も、特定の人が話した内容を、一問一答などのスタイルで文章にしたものです。こうした、原稿にすることを前提としたインタビューの基本について説明しましょう。

どんな取材でもそうですが、とくに人から話を聞く場合、事前の情報収集が成否のカギを握り

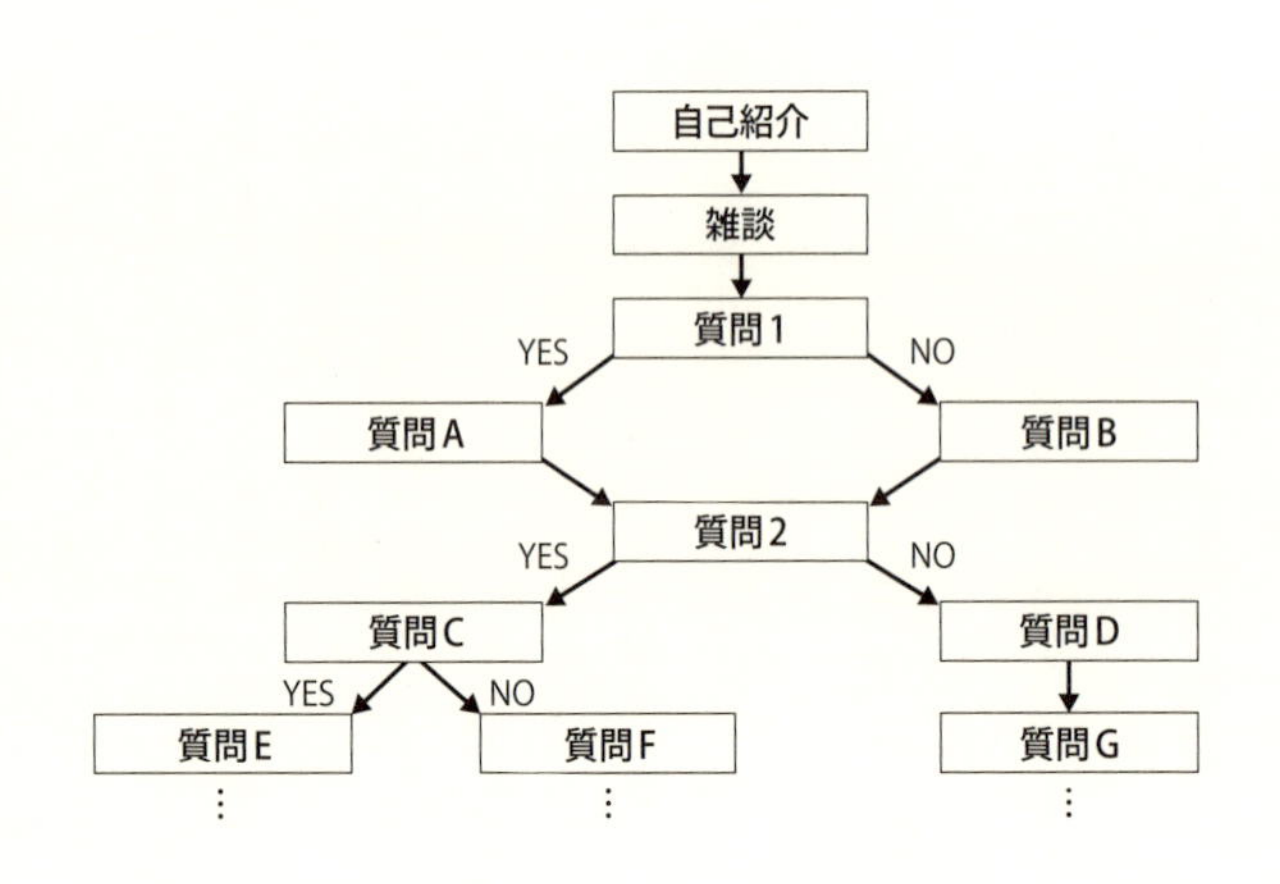

質問はフローチャートで用意する

ます。これは、限られた時間で何を聞くのかという、質問の絞込みができるからです。

公開情報として簡単に手に入る相手の年齢や経歴については調べておくべきでしょう。時間があるなら、過去に別のインタビューで述べた内容や、本人の著作などにも目を通します。

新鮮な驚きを記事に反映するため、あえて事前調査をせず、先入観を持たずにインタビューするケースもないわけではありません。しかし一般には、すでに知られている情報よりも、自分や読者が知らない情報を相手から引き出すことが重要です。質問の無駄を省き、聞くべきポイントを絞り込むためにも、事前調査には力を入れたいところです。

「どう質問すれば相手の答えをうまく引き出せるか」という攻略法を練るうえでも情報は欠かせません。相手の性格や、好き嫌い、話したいと思っている分野について知っておけば、インタビューの序盤で話の糸口を掴む助けになります。相手が触れてほしくない話題を振ってしまい、機嫌を損ねるリスクも避けることができるでしょう。

こうした情報も踏まえ、「どんな新事実を聞き出すか」を考えます。その際、読者のニーズを意識することも重要です。インタビューに限ったことではありませんが、聞き手は読者の代理人です。読者が何を知りたいと思っているかを考えて質問を決めます。

質問はフローチャートの形で用意します。質問に対する答えが「イエス」だった場合と「ノー」だった場合に分けて、次の質問を複数用意するのです。もちろん、中には答えがある程度、予測できるものもあるでしょう。しかし、それを前提に次の質問を固定してしまうと、想定外の答えが返ってきた場合、計画が崩壊してしまいます。

時間が余ったときに備えて、予備の質問を考えておくことも重要です。その場で質問を考えることもできるでしょうが、相手との緊張関係の中で行われる取材では、その場で良い考えというのは思い浮かばないものだからです。

このように、インタビューは「原稿の計画を立てる」「引き出せそうな答えについて仮説を立てる」「答えを引き出すための質問を考える」「実際に質問する」「答えを検証して次の質問を選んだり、原稿の構成自体を見直したりする」という作業を繰り返すことになります。

予想外の答えが返ってきたときは、フローチャートに沿ってそのまま質問を続けるべきか、その場で方針を転換すべきかを即座に検証し計画を立て直します。**「計画→仮説→設問→質問→検証」**のサイクルを回すことによってインタビューを進めていくのです。

初心者にありがちな失敗は、「相手がこう答えるだろう」という先入観に縛られ、想定外の答えが返ってきたときにパニックに陥るケースです。無理やり用意した質問を繰り返してしまったり、次の質問が思いつかなくなったりするのです。これは、ビジネス上の聞き取り調査などでも同じです。

掘り下げて聞く

インタビュー中は、常に原稿の構成を頭の片隅に思い浮かべながら質問を組み立てます。**話を聞いていて「ここはポイントだ」と思ったら、それを記録に取るだけでは不十分です。**読者に印象づけられるよう、さらに掘り下げて話を聞きます。

このとき注意したいのは、「より具体的な言葉」を引き出すために、質問を重ねるということです。初心者は、「あ、このコメントは面白い」と感じると、それで満足してしまいがちです。しかし、その場で自分は「わかったつもり」になっても、そのまま原稿に書けば読者に伝わるというものではありません。

読者はインタビュアーが聞いた話のうち、ほんの一部を文章で読むだけです。その言葉を口にした瞬間の表情や声音までは文字で再現できません。会話を重ねる中で二人の間に生じている雰囲気や、相手の話を聞いているうちに取材者の頭の中に広がったイメージまでは、読者には伝わらないのです。その面白さを文章で再現したければ、文字だけになっても伝わるよう、情報を肉付けする必要があるのです。

例えば、思い出のエピソードについて語ってもらう場合には、当日の天気や前後の状況なども細かく聞いておきます。そうした具体的な情報が入ることによって、読者にイメージを伝えやすくなるからです。

具体的な情報は、単に質問を繰り返すだけでは引き出せません。

自分から相手の言葉に共感を示し、場合によっては自分についても語る必要があります。例えば、「自分も同じような経験をしたことがある。そのとき自分はこう感じたが、あなたはどうでしたか？」といった聞き方をするのです。

インタビューは日常のおしゃべりではないので、自分語りで時間を浪費するのは考えものです。しかし、相手から本音を引き出したり、本人も忘れていたことを思い出したりしてもらうには、自分も相手に心を開き、共感を得なければならないのです。

特に口にすることに抵抗を感じる話を聞くときには、取材者も同様の体験について語るなど、相手に「腹のうちを見せている」ことを示すことが重要になります。これはスクープを狙うような取材でも共通するのですが、他人から情報を得るには、それと同じ価値の情報を相手に提供しなければならないのです。

第4章

設計図を描く

設計図を作る

文章に盛り込む「材料」を集めた後、最も重要な作業は設計図を作ることです。この、文章を書くための設計図を日経新聞では「スケルトン」と呼びます。会社によっては「アウトライン」「コンテ」など別の呼び方をしているかもしれません。

「文章なんて書きながら考えればいいじゃないか」と思うかもしれません。しかし、それは大きな間違いです。建築でいえば、設計図を描かずにいきなり家を建てるくらい、無謀なことなのです。

「考えながら言葉にする」典型である会話は、ほとんどの場合、そのままでは文章になりません。私は仕事柄、インタビューやシンポジウムをICレコーダーに録音して、記事にすることがよくあります。こうした記事で、発言をそのまま字にすることはまずありません。ほとんどの場合、ひどく読みにくいからです。

もちろん、書きながら構成を考えることは不可能ではないでしょう。しかし、一つ一つの文の「執筆」と、複数の文を並べる「構成」を同時並行でこなすのは、非効率です。ベテラン記者でも、特集記事などの長い読み物を書くときにはスケルトンを作ります。執筆に入る前に上司などに見せて、承諾を得るという目的もありますが、最大の理由はその方が効率的だからです。

仕様を確認する

設計図を書くには、そもそも誰が読むのか、何のために書くのかなど、文章の全体像を確認する必要があります。これは、家を建てたり、コンピューターのアプリを作ったりするときでも同じでしょう。いわば、製品の「仕様（スペック）」を決めるのです。

仕様は自分だけで決められるものではありません。むしろ文章の読み手のニーズや要求こそが重要だといっていいでしょう。

仕様は、少なくとも次の4点を押さえておいた方がいいでしょう。

①読者

読者像は、設計図を書く前に必ず確認しておくべき項目です。文体や言葉遣いの難易度などは、すべて読み手に合わせる必要があるからです。良い文章とは「読み手にとって」だということを忘れてはいけません。

②目的

そもそも何のために書く文章なのか、ということも明確にしておく必要があります。読者を楽しませるのが目的なのか、自分の主張を伝えて読者の行動を変えることが目的なのか、などによって書き方は全く違ってきます。

よくある間違いは、自分にとっての目的と、その文章自体に与えられている役割を混同することです。例えば、ビジネスの報告書なら、第一読者の上司を納得させられる内容でなくてはいけません。しかし、最終的な目的が社員みんなで情報を共有することなら、新入社員や部外の人も理解できる書き方が求められるのです。

③分量

文章によっては、発注者などが字数制限を設けている場合があります。しかし、そうでない場合も自分で大まかな字数を決めておいた方がいいでしょう。

分量を決めておくと、設計図を作る段階で、手元にある材料から何を採用し、何を切り捨てるかを決める手がかりにもなります。字数に制限がないと、「手持ちの材料すべてを盛り込む」ということになりがちです。結果としてそれでいいケースもありますが、一般的に、優先順位をつけて絞り込んだ方が、締まったいい文章になります。

④締め切り

締め切りも、発注者などの都合で決まっている場合がほとんどです。ただ、そうした縛りがない場合でも、「自分の締め切り」を設定するクセをつけることをお勧めします。これは、限られた時間で材料を取捨選択したり、自分の平均的な執筆スピードから完成予定を割り出したりする訓練になるからです。

　私が新聞記者になって最初に配属されたのは、ニュース部門ではなく、週刊誌のように1週間、1カ月単位で記事を書く解説部門でした。しかし指導にあたった先輩からは、原稿を書くときは、「この分量なら何分以内に書け」といった制限を設けられました。文章を書く技術を早く習得したければ、こうした習慣を身につけておいた方がいいでしょう。

文体を決める

　文章を書く前に、「です・ます調」か「だ・である調」か、といった文末表現や、「私」「僕」といった人称を決めておく必要があります。こうした**文体は「書き手についてのイメージ」や「書き手と読み手の関係」をコントロールする手段**でもあります。

　「です・ます調」の文章は、読者に書き手がていねいな口調で話しかけてくる姿をイメージさせます。真面目で誠実な印象を与える効果もあるでしょう。

　一方、「だ・である調」は、格式張った筆者を連想させます。評論家や教師、政治家に近いイメージかもしれません。

　文章を読むとき、私たちは筆者がどんな人物か知らない場合も、無意識に「語り手」をイメージします。頭の中では、誰かの声が聞こえているのです。文体は、この「誰か」のイメージを作り出す働きをします。実際に会話しているときのように、「優しい人なのか、権威がある人なのか」「女なのか男なのか」「若者か中年か」といったイメージを、語り口から推し量っているのです。

文末の表現と並んで、文の調子を決める要素が、「私」「僕」「我々」といった人称です。「〜について、あなたの見解を述べなさい」といったレポート課題の答案であれば、「私は〜と考える」「私は〜には反対だ」といったように、「私」を主語にして論を展開します。「私」は性別を意識せずに使え、フォーマルな印象を与えることができるからです。

一方、ニュースを伝える新聞記事では、文の中に書き手が登場しません。もちろん、実際には記者が書いているのですが、「私は」「記者は」などと書かないのです。このため、新聞のニュース記事を読んでも、どんな人が書いているのかイメージできません。書き手の存在を徹底的に見えにくくし、いわば「黒子」が語っているような作りにしているのです。こうした文体の利点は、客観性を印象付けられることです。「私」や「記者」という一個人が語っているのではなく、天から声が降ってくるようなイメージを持たせる効果があるのです。

読み手の側から見ると、文体は筆者と自分の関係にも影響を与えます。例えば、「だね・だよね」などで終わる文章の場合、筆者が一対一で語りかけてくるような印象を持つわけです。

このように、「文末」や「人称」を選ぶということは、読み手に対して自分がどう向き合うかという姿勢を決めることを意味します。聴衆に向けて演説するのか、特定の誰かに語りかけるのか、自分の存在を消して黒子になるのか、などを決めるのです。

スケルトンの基本項目

仕様が固まったら、それに従って文章の設計図（スケルトン）を作ります。

スケルトンは、原則としてＡ４用紙１枚にまとめます。ワープロのレイアウトが35×35字組みだとすると、スケルトン１枚で２５００字くらいまでの原稿には対応できます。手描きの方がアイデアが浮かびやすい人は、それでもかまいません。大学の課題レポートや企業の報告書、ブログなどであれば、ほとんどがこれで間に合うのではないでしょうか。

それを超える文章を書く場合は、章や節に分割します。例えば「節」ごとにスケルトンを作るのです。一般的な本は1冊で12万字くらいの分量がありますが、分割すると２０００～４０００字ほどの節から成る「文集」だと考えることができます。つまり、章立てについてのスケルトン（目次に当たる）と、それぞれの節についてのスケルトンを分けて作ればいいのです。

スケルトンには、次の三つの項目を盛り込みます。冒頭に、前項で説明した「仕様」を書き加えてもいいでしょう。

①仮見出し（15～25字）
②要約、要旨（１５０～２００字）

③本文の構成（1段落分で1行）

まず、「仮見出し」を考えます。仮見出しは原稿の趣旨を端的に表したフレーズのことです。その内容に沿うように原稿を書く、いわば「執筆の指針」です。

次に、150~200字ほどで全体の要約や趣旨を書きます。

本文の構成パターンについては後述しますが、文書の目的に応じて四つの基本パターンから選びます。**基本パターンは「起」「承」「転」「結」といった、いくつかの「モジュール」から成り立ちます。**スケルトンでは、このモジュールをどんな段落（パラグラフ）で構成するかを書き込みます。

このとき、各モジュールの中で段落が果たす役割は、原則としてシンプルなフレーズで表します。例えば、「実験のデータ」「横浜市の事例」のようなイメージです。このフレーズ一つで100~150字からなる段落一つ分になります。

段落に入れる材料や要旨も書き加えておくと執筆の際に迷いません。これも原則として「主語＋述語」のような短いフレーズにします。例えば、

実験のデータ（ハツカネズミに投与。有意な結果は出ず）
横浜市の事例（開発に住民は反発。提訴する事態に）

といったイメージです。

あとは「実験のデータ（有意な差は出ず）」といった段落を、書く順に並べていきます。材料が揃っていて、ここまでの作業ができていれば、ほとんど迷わずに執筆できます。一つの段落は2～3文ですが、これらについても材料をどういった順に並べるかは、後述するようにルールで決まっているからです。

スケルトンを作るメリットは、「書きながら考える」という非効率を避けるためだけではありません。企業や学校で報告書などを作るとき、数人で段落やモジュールごとに担当を決めて分業ができるのです。

全部で12段落の文章なら、3人で4段落ずつ担当し、それを「アンカー」と呼ばれる役がまとめて修正すれば、作成時間が大幅に短縮できます。こうした執筆方法を、新聞社では「カセット方式」「アンカー方式」と呼んでいます。予想外のニュースが飛び込んできて締め切りまで時間がないときや、取材班を組んで長めの記事を共同執筆するときなどは、こうした方法をとります。

仮見出しを立てる

新人記者が先輩から最初に叩き込まれるのが**「原稿を書く前に（仮）見出しを立てる」**という基本動作です（新聞業界では、見出しは「立てる」と表現します）。これは、「自分が今から何を書くのか、方向性をはっきりさせてから書き始めろ」という教訓を表しています。

見出しは具体的にしなければなりません。「〜について」などといった漠然とした「テーマ」ではなく、**記事に含まれている5W1Hのうち最も重要な要素を盛り込む**のです。

ところが多くの人は、「見出しは文章を書き終えてから考えればいい」と考えています。本文を読み返し、「何がポイントかな」と考えて見出しを書くわけです。これは、文章を書き終えるまで、筆者自身がその文章のポイントを決めていないことを意味します。

締め切りに追われる記者には、「とりあえず書いてみる」「書きながら考える」といった時間的な余裕はありません。書き始めたときには頭の中で書くべき材料や原稿の構成が決まっていなければならないのです。

これは、盛り込む要素のすべてについて優先順位がついているということも意味します。見出しもその優先順位に従って、最も大事な要素から一つか二つ採ればいいのです。

私も記者時代、これから書く原稿についての説明が要領を得ないと、先輩やデスクに「要するに何が書きたいんだ。一言で言ってみろ!」と怒られたものです。このときの「一言で言った答え」が見出しになるわけです。

もっとも、読者が紙面やネットで目にする見出しは、記者が執筆前に考えたものではありません。**「原稿を書くための見出し」と、「読者に読ませる見出し」は違う**のです。前者を「仮見出し」と呼び、完成版の記事につける見出しと区別します。この点については後述します。

スケルトンに書く仮見出しは、原則として15文字以内、最長で25字とします。メインとサブの2本立てにしても構いませんが、この場合も全体で25字以内に収めます。これらはネット記事に込むためです。

よくある字数制限で、これだけの字数があれば文章の要点を見出しで表現することができます。ネットや新聞の記事でもないのに、あえて制限字数を設ける理由は、執筆前に重要な点を絞り込むためです。

少ない字数で文章の内容を表現するには、自分が書きたいことは何なのか、突き詰めて考える必要があります。仮見出しは、自分が最も読者に伝えたいこと、訴えたいことを「ひとことで表現する」のがポイントです。

学術論文などでよく目にする「〜についての一考察」「〜の再検討」のようなタイトルは、どんな分野について書かれた文章かを示しているだけで、中でどんな主張を展開しているのかがわかりません。そうではなく、「考察した結果、何がわかったか」「再検討して得られた発見は何か」を具体的に書きます。**「結論」や「主張」が一目でわかる見出しにする**わけです。

大学生が、江戸時代の「鎖国」について調べた結果をレポートにまとめるケースを考えましょう。鎖国といえば、小学校から高校までの日本史では、「江戸幕府が外国に対して国を閉ざした」という側面が強調されてきました。

しかし、近年の研究では、オランダや中国を通じた貿易の量は決して小さくなかったことが指摘されています。そうした窓口を通じた国際情勢についての情報収集や外交も、「国を閉ざした」というイメージが当てはまらないほど盛んでした。

学生は、文献を調べてその実態を知り、鎖国と呼ばれてきた政策は、「幕府によって管理されたグローバル化」であり、必ずしも排外的で孤立的な政策ではなかった、という結論に至ったとしましょう。

レポートではこの「発見」「気づき」が核心になるので、仮見出しもそれを反映したものにします。つまり、

×「鎖国に関する再検討」
×「幕府の鎖国政策について」

ではなく、

○「鎖国は幕府によるグローバル化」
○「孤立的ではなかった鎖国時代」

などにするのです。

これは見出しが1本の例ですが、メインとサブの2本立てにしても構いません。国際交流の実態に焦点を当てて論を展開するのであれば、サブ見出しにその部分を盛り込みます。

「鎖国は幕府のグローバル化政策　実は活発だった国際交流」

といった形にするわけです。

繰り返しになりますが、これは本文を執筆するときの指針にするための仮見出しです。教官に提出する際には、「鎖国に関する再検討」のような学術論文風のものにしても構いません。

見出しの表現方法

記事の見出しはネットや新聞、テレビなどで見慣れた存在ですが、自分で作ったことがある人は少ないでしょう。ここでは、一般的な見出しで使われる表現方法について説明しましょう。

見出しはキャッチフレーズであり、文ではありません。このため名詞で終わる「体言止め」がよく使われます。「鎖国は幕府によるグローバル化だった」や「鎖国時代は孤立的ではなかった」という見出しでも意味は通じますが、普通は「鎖国は幕府によるグローバル化」「孤立的ではなかった鎖国時代」とします。

体言止めにすると、キーワードが引き立つという効果もあります。

「孤立的ではなかった鎖国時代」は、「鎖国時代は」という主語の部分と「孤立的ではなかった」という述語の部分の配置を通常とは逆にしています。体言止めにすると、こうした倒置法が増え、強調したい結論（この場合は「孤立的ではなかった」）を印象付けられるのです。

いわゆる「てにをは」、つまり助詞を省略するのも見出しの特徴です。例えば「3月の貿易赤字が過去最低になった」は、「貿易赤字」という主語についている「が」を省略し、

「3月の貿易赤字、過去最低」

とします。文末の「になった」も省略して体言止めにしていますが、この場合は「に」を残して「3月の貿易赤字、過去最低に」でも構いません。

字数を節約するため、略語を使うこともあります。「＊＊委員会」では長いので、「＊＊委」としたり、「日本オリンピック委員会」を「JOC」としたりします。これは新聞やネットでよく使われる手法です。仮見出しの段階では自分だけに意味がわかればいいので、略語を使っても何の問題もありません。読者にも意味が通じるのであれば、最終的な見出しで使うこともできます。

要旨をまとめる

仮見出しが決まったら、それをもとに文章の要旨を書きます。字数は150～200字程度を目安にするといいでしょう。

要旨は仮見出しと同じく、それを読めば文章の大まかな内容がわかる形にしなければなりません。言い換えれば、主要な5W1Hを盛り込んでおく必要があります。スケルトンを上司に見せたり、回覧したりする場合には、執筆の動機や目的などについて触れる場合もあります。

書き方についてはあとで説明しますが、「リード」をベースにします。文章によっては、この要旨をリードに流用できるケースもあります。

４つの基本パターン

文章の構成には無数のバリエーションがあり、用途や長さ、与えたい印象などによって変わってきます。文章を書くとは、この構成を考える作業だといってもいいでしょう。

ただし、基本的なパターンは、それほどたくさんあるわけではありません。**様々なタイプの記事を書く新聞記者も、頭に入れている基本パターンは四つです**。すべての記事をこのどれかで書くというわけではありませんが、構成を考える暇がないときには、これに機械的に当てはめます。すると、最低限の水準を満たす記事は書けるのです。

記事を書く目的は「伝える」「論じる」「心を動かす」に分けることができます。それぞれについて対応する構成があります。

①逆三角形（伝える）

重要なことから順に説明していく方法です。ニュース記事やプレスリリースのように、忙しい読者に情報を効率よく伝えるのに適しています。

②三部構成（論じる）

序論、本論、結論の三つのパートに分ける方法です。見解とその根拠を示す必要がある論説や解説を書くのに適しています。

③起承転結（心を動かす）

冒頭で読み手の気を引き、最後まで飽きさせないことを目的とした展開の仕方です。コラムなど短めの「読み物」を書くのに適しています。

④起承展転結（心を動かす）

起承転結の応用で、ルポルタージュなど長めの「読み物」に使います。

どうでしょう。④を「起承転結」に含めれば一度は目にしたことがあるパターンだったので、拍子抜けした人もいるでしょう。しかし、複雑に見える展開も、実はこれら基本形の「組み合わせ」や「変形」である場合がほとんどなのです。

文章を書くときは、この四つのうちどれを使うかを決めます。

なお、図の「リード」「事実」「序論」「起」「承」などの各パーツを、本書では「モジュール」と呼ぶことにします。モジュールはいくつかの段落から成り立ち、文章全体の中で決められた役割を果たします。例えば「起承転結」の中の「転」というモジュールは、それまでの話題や視点を変えて、読者の関心を引きつける機能を持つのです。

上司から、工場で発生した機械の不具合について書くよう命じられたとしましょう。

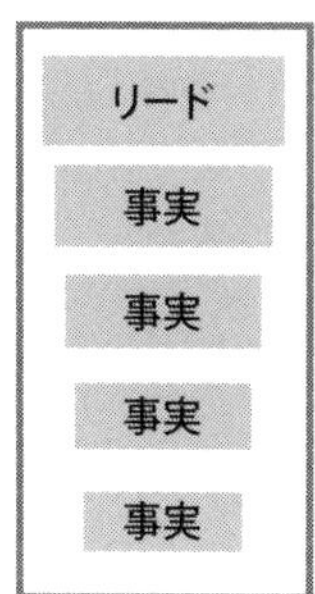

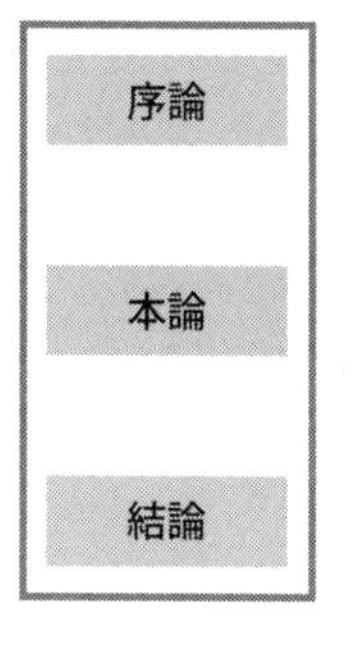

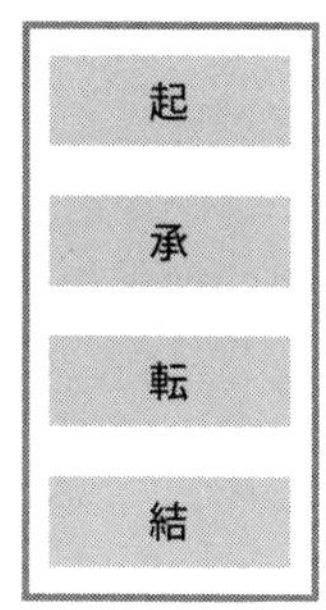

構成の4パターン

経緯をまとめて上司に報告するだけなら、目的は「伝える」ですから①で十分です。ただ、その原因を分析し、改善方法まで提案するのなら「論じる」の②を使う必要があります。社内報に寄稿して多くの社員に興味を持ってもらいたいなら、「心を動かす」の③か④を選べばいいのです。

説明は逆三角形

新聞やテレビなどで事実を中心に伝えるストレートニュースは、「逆三角形」と呼ばれる独特のスタイルで書かれています。

第一段落は「リード（前文）」として第二段落以下から独立しています。記事全体の要約になっており、ここに5W1Hのうち、主要なものが全て詰め込まれています。

それ以降の段落は、「重要なことから順に」書かれています。レポートなどでは最後に結論を置

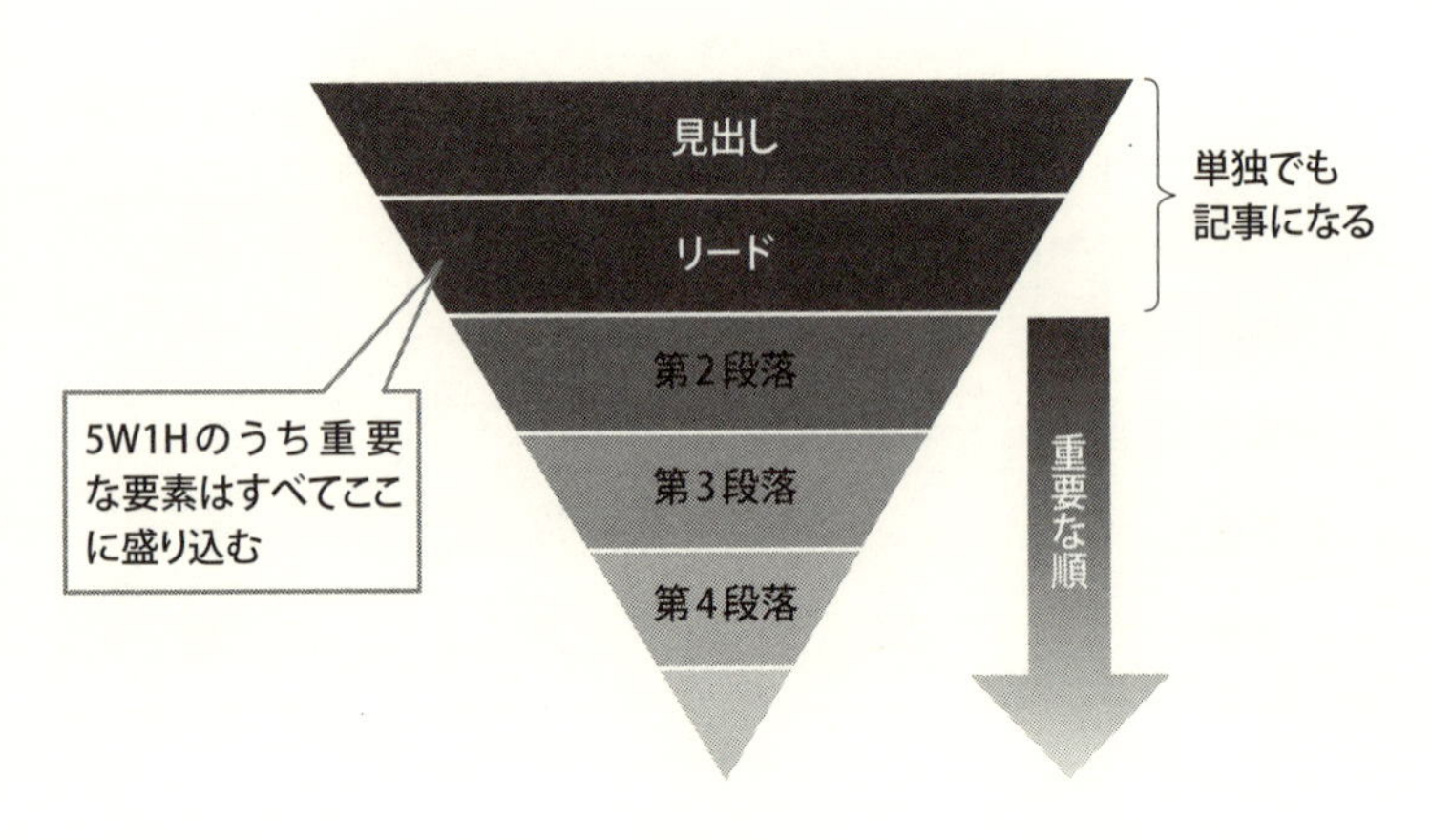

逆三角形

くのが普通ですが、このスタイルでは逆になるので「逆三角形」と呼びます。

リードは新聞では150〜200字程度です。一方、それ以降の段落は100〜150字程度と、リードより短めにします。逆三角形の記事の場合、リードは一つのモジュールになっていると言えます。そのあとの段落も、原則として1パラグラフで一つのことを説明する形になっています。

こうしたスタイルにする理由は二つです。一つは、効率的に情報を読み取れるからです。見出しとリードだけ読めば記事の概要はつかめます。そのあとの段落も重要なことから順に並んでいるので、時間がないときは途中で読むのをやめてもいいわけです。

もう一つは報道機関側の事情です。新聞やテレビは、新しいニュースが入ってくるたびに、報道するニュースのラインナップを組み替えなければなりません。

例えば、新聞の1面を完成させたところで、大事件発生のニュースが飛び込んできたとしましょう。このニュースを1面トップに突っ込むには、それまでトップにしていた記事を急いで半分に短縮しなければなりません。それどころか、他の面でも玉突き的に記事の長さを一斉に調整する必要が生じるのです。こうしたことは、規模の大小はあれ、毎日のように起きています。

こういうときは時間がないので、原稿を書き直すのは不可能です。そこで原稿の一番後ろの段落から順に、機械的に削っていきます。8段落から成る原稿を半分にするなら、後ろの4段落をバッサリ削ってしまうのです。半分ならいい方で、リードしか残らないこともあります。

それでも記事が成立するには、「リードだけで成り立つ」ように原稿を書かなければなりません。それ以降の段落も、後ろから削られるので、大事なことほど前に書いておく必要があります。これが逆三角形で記事を書く、もう一つの理由です。

このスタイルで原稿を書くには、盛り込む情報（材料）に優先順位をつけておく必要があります。必要事項をノートなどに箇条書きにし、順位を振るといいでしょう。

レポートは三部構成

レポートや学術論文など、物事を論じるときは「序論」「本論」「結論」という三つのモジュールを組み合わせます。新聞などで主張を展開する論説文でも、この型を使うのが普通です。

序論は、論じるテーマと動機を明らかにする導入部分です。問題提起と呼ばれることもあります。研究論文であれば、結論のほか、「証明しようとしていることが何なのか」や「なぜそれを明らかにすることが重要なのか」を説明します。論説文であれば、筆者が疑問に思っていることや、論じようとしている社会的な問題について指摘するのです。

本論は、序論で明らかにした疑問や問題を分析する部分です。学術論文であれば、調査や実験の方法についての説明、そこから得られた事実の分析などを展開します。

論説の場合も基本的には同じです。実験や調査の代わりに、事例やエピソード、データなどを示したうえで、それらが何を意味するかを指摘するのです。

結論は、本論で明らかにした事実に基づく主張や、残された課題などをまとめます。

この形式のポイントは「本論」をどう展開するかですが、それについては後述します。

読み物は「起承転結」

文章の構成といえば、「起承転結」を思い浮かべる人も多いのではないでしょうか。もとは4行から成る中国の詩、「絶句」を書くときのコツとして知られていたものでした。江戸時代の歴史家で、文人でもあった頼山陽は、次のような例を使って説明したといわれています。

(起) 大阪本町糸屋の娘

(承) 姉は十六、妹は十四

（転）諸国大名、弓矢で殺す
（結）糸屋の娘は目で殺す

「起」は導入部分のモジュールです。これから何について話すのかを示しつつ、「ふむふむ、何だろう」と読者の興味を引きます。スピーチや漫才では「つかみ」と呼ばれる部分にあたります。「承」では、「起」で示した内容を詳しく説明します。この例では「糸屋の娘」の家族構成と年齢が明らかにされます。

同じ調子で続くと思わせておいて、次の「転」では話題を変えます。娘さんとは対照的なイメージを持つ「諸国大名」や「殺す」という言葉を持ってきて、読者を驚かせるのです。

こうして興味を掻き立てておいて、「結」で「二人は男性を視線だけでメロメロにするくらい色っぽかった」というオチを付けるわけです。

一連の流れが、読者の心の動きを意識していることに注目してください。①興味を持たせ②理解させ③飽きさせないよう意外性を演出し④とっておきのネタをぶつけて相手をうならせる――という展開をしています。原型となった「詩」は、人を感動させるために書く文芸なので当然かもしれません。このため、文章に応用する場合も短い随筆などで使われます。新聞だと1面の下にあるコラムで、しばしば見られるパターンです。

この構成では、「山場」をどこに設定するかを意識します。印象的なエピソードや面白い雑学などを見つけたとき、それを「起」「転」「結」のどこに置くのかを考えるのです。

頼山陽の例では、「起承転」は「結（オチ）」を引き立たせる狙いで組み立てられています。しかし、インタビューなど時系列に沿って構成する文章なら、クライマックスは「転」に設定した方が劇的でしょう。後述の「起承展転結」のように「つかみ」を山場にする方法もあります。投手でいえば「決めダマを何球目に投げるか」が重要なのです。

長めの読み物は「起承展転結」

「起承転結」は原稿用紙1、2枚程度（400～800字）の短い随筆やコラムに向いています。ただ、それより長い読み物で使うとうまくいきません。もともと、4行の漢詩をベースに考えられた構成なので限界があるのです。

新聞記者が「長尺モノ」と呼ばれる特集記事やルポなどを書くときは、この基本形に少し手を加えます。もとは米国の経済紙「ウォール・ストリートジャーナル」が編み出したスタイル（WSJ方式）だといわれていますが、私は「起承展転結」と呼んでいます。

（起）印象的なエピソード
（承）問題提起
（展）論証
（転）別視点の紹介

(結) 結論、主張

基本的な狙いや構造は、起承転結とよく似ています。

冒頭には、読者の興味を掻き立てるため、印象的な情景描写や言葉、読者への問いかけなどを置きます。日経新聞では「冒頭のエピソード」、略して「冒頭のエピ」と呼んでいました。

起承転結の「起」も冒頭は「つかみ」ですが、よりインパクトを重視し、書き手が取材した中でとっておきのネタを持ってくるのが普通です。新聞の場合、長さにすると1~2段落ほど。長くても200~300字です。

次に、1~2段落を使って、冒頭で描いた場面の背景や、記事で取り上げようとしているテーマを簡潔に説明します。読者に対し、なぜこの記事を書いたのか、自分たちがどんな問題意識を持っているのかを明らかにするのです。これも起承転結に似た展開です。

起承転結では次に場面転換するのですが、このスタイルではここからが「展」、つまり「展開」になります。「起」と「承」で提起した問題について、事例やデータ、分析などを交えながら論じるのです。

これはレポートなどに使う三部構成では「本論」に当たるモジュールです。全体の中で最も長い部分で、分量は記事の字数制限に合わせて調整します。

「展」の構成については、いくつかのパターンがあります。後で詳しく説明しますが、「原因↓結果」や「事例↓分析」といった流れにしたり、長い記事ではそれらを組み合わせたりするのです。

この後、字数制限にもよりますが、結論に入る前に「転」を置くのが一般的です。長い「展」を読んで少し疲れた読者の意識を再び文に引き戻すため、場面を変えたり、それまで論じてきたことへの反論を紹介したりします。

例えば、社会問題について論じ、政府の責任を指摘した後に、「とはいえ、国も問題に気づいていないわけではない」などと、政府が不十分ながらも対策に乗り出している事実を紹介する段落を入れたりします。**一方的な主張にならないよう、全体のバランスを取る**わけです。記者はこれを「抑え」と呼んでいます。中立性や公平性が求められる文章では、こうしたパートが重要になります。

最後が結論です。論じてきたことをまとめたり、提言をしたりして終わるのが一般的です。ルポや企画モノの記事では、読み終わったときに「余韻」が残るのが理想です。このため、冒頭で紹介したエピソードの「その後」を描いたり、読者が読み終わったあともその問題について考え続けるような問いかけをしたりします。これも1～2段落です。

このスタイルの狙いは、起承転結と同じで読者の心を揺さぶって、内容を印象付けることです。加えて、長尺モノでは「読者に最後まで読ませる」ということも重要になります。冒頭を読んで面白そうだと思わなければ、読者は読むのをやめてしまいます。**長い文章であるほど、最後まで読みたくなるよう、読者を飽きさせない工夫が必要になる**のです。

モジュールの中の構成

上記の四つから構成を選んだら、それぞれのモジュールに「段落（パラグラフ）」を当てはめていきます。リード以外の段落は100～150字で統一し、「事例紹介」「分析」といったように、一つだけ役割を持たせます。**この原則を「1段1役」と名付けておきましょう。**

例えば、「序論」「本論」「結論」という三つのモジュールのうち、「本論」を次のような4段落構成にします。

段落1「事例1」
段落2「事例2」
段落3「事例の分析」
段落4「有識者のコメント」

ここまでできれば、あとはそれぞれの段落を文章にしていくだけです。

こうした段落の並べ方（つまりモジュールの組み立て方）にも、一定のルールがあります。電動モーターは、形の違いはあっても、部品のおおまかな配置は共通しています。文章のモジュールもこれと同じで、「時系列で並べる」「因果関係の順に並べる」といった法則に従えば、迷うこと

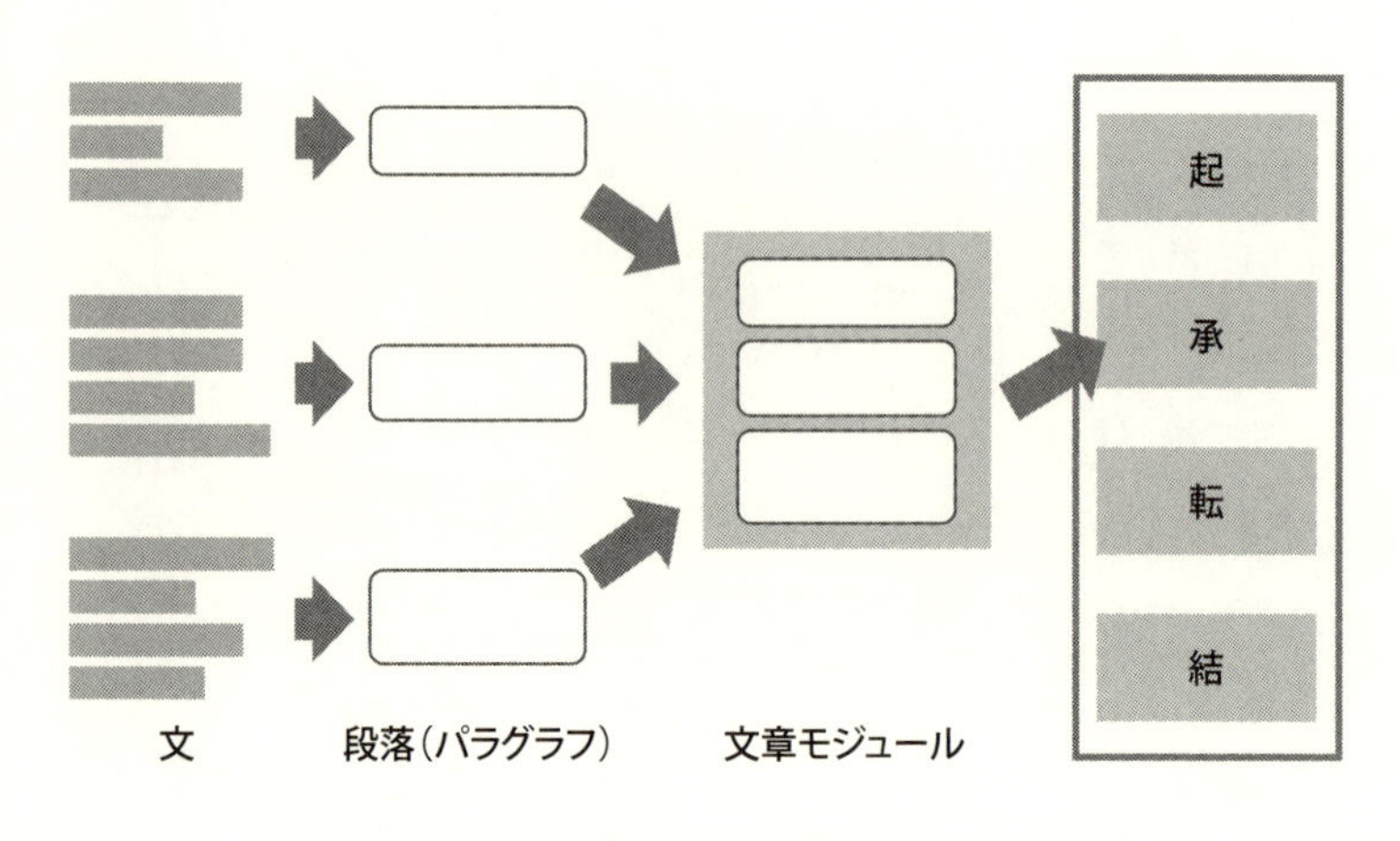

文を組み合わせて段落、モジュールを作っていく

なく配置を決めることができるのです。どんな並べ方があるかは後述しましょう。

こうした知識を持っていると、どんなに長い文章でも材料さえ手元にあれば、すぐに構成を決めることができます。あとは機械的に材料を文にしていくだけなのです。

段落の役割

段落の役割は、「リード」「事実」「分析」「主張」の四つに分類できます。すでに説明したように、一つの段落には一つの役割をもたせます（1段1役）。具体的には、次のような役割があります。

①**リード（前文）**：要約、問題提起、テーマ紹介

②**事実（ファクト）**：事例、指摘、定義、条件、経緯、描写、逸話、体験、データ、紹介

③**分析**：論証、背景、解説

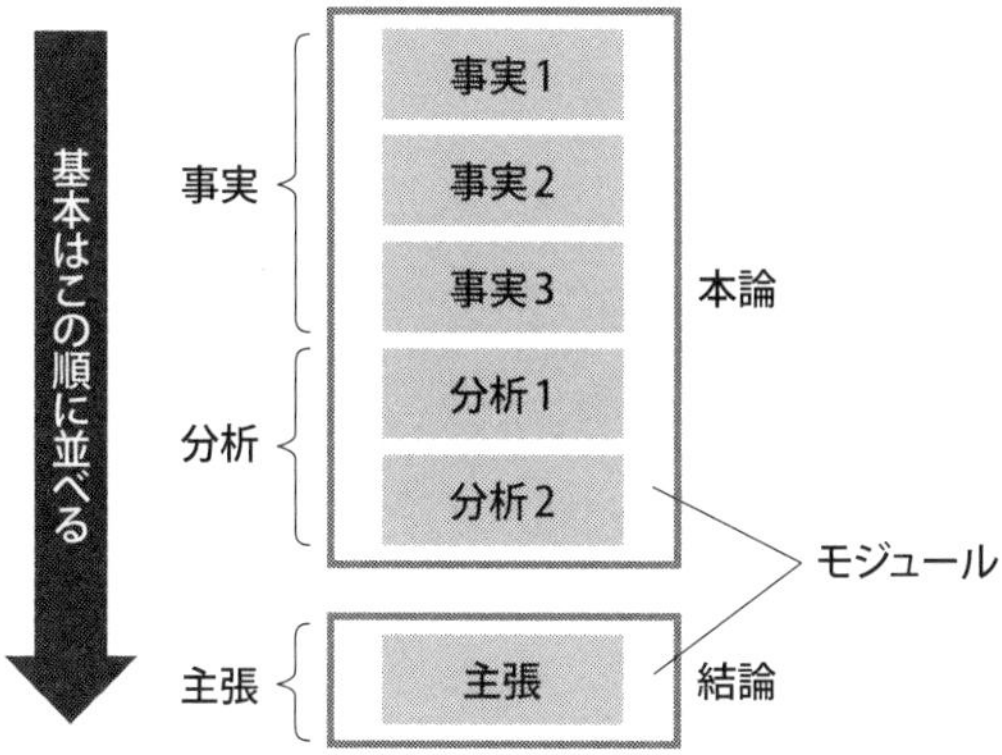

基本はこの順に並べる

事実：事実1、事実2、事実3
分析：分析1、分析2
本論
主張：主張
結論
モジュール

段落の並べ方

④主張：提案、感想、評価、批判、賛否

　リードは1段落でも単独でモジュールになりますが、「起」「承」や「本論」などのモジュールは、複数の段落をつなぎ合わせて作ります。その際、基本的には「事実」→「分析」→「主張」の順に並べます。

　例えば、レポートを書くときには、次ページの図のような構成にするわけです。このとき、「要約」「事例A」「評価」など一つの行が一つの段落になります。説明に2段落を要する複雑な事実について書く場合は、「事例A－1」「事例A－2」のようにすることもあります。

　スケルトンで最も重要なのは、この構成図です。こうすると、全体の流れが一覧できます。1段落が100～150字なので、字数や書き終わるのにかかる時間も概算できるのです。

序論	【リード】	
	要約・問題提起	×××××××××××××××××××
本論	【事実】	
	経緯	××××××××××××××××××××××××
	事例A	××××××××××××××××××××××××
	事例B	××××××××××××××××××××××××
	データ	××××××××××××××××××××××××
	【分析】	
	論証	××××××××××××××××××××××××
	【主張】	
	評価	××××××××××××××××××××××××
結論	【主張】	
	提案	××××××××××××××××××××××××

レポートのスケルトン（1行が1段落）

「本論」「展」は3パターン

一般に、文章の構成の中で最も分量が多いのは導入と結論を除いた中盤です。三部構成なら「本論」、起承展転結なら「展」に当たります。この部分は論を展開するわけですが、説得力を持たせるにはどうすればいいのでしょう。

基本的な方法は二つです。

説明の前に、幼い男の子と母親が会話する様子を思い浮かべてみてください。

男の子「あのオモチャ買って」
母親「だめ」
男の子「なんで？　A君もB君もC君もみんな持ってるんだよ」
母親「昨日、お誕生日までオモチャは買わないって約束したばかりでしょ」

よく見る風景ですが、男の子と母親は、異なる方法で相手を説得しようとしています。男の子は、友達のA君、B君、C君がそのオモチャを持っている。つまり、同世代の子はみんな持っているのだから、自分もそれを持つべきだ、と主張しています。

このように、複数の例を挙げて結論を導く方法は、レポートや論説文でもよく使われます。ここでは「並列型」と呼ぶことにしましょう。

一方、母親の主張はもう少し論理的です。「あなたは私と誕生日までオモチャは買わないと約束した」「今は誕生日ではない」「ゆえに、私はオモチャを買い与えない」という三段論法なのです。このように、ある前提から出発し、段階的に結論を導き出す方法もよく使われます。ここでは「因果型」と名付けることにしましょう。

並列型＝複数の事例を並べる　（A、B、C）↓結論
因果型＝原因から結果の順に並べる　A↓B↓C↓結論

ただし、実際には二つを組み合わせて使うこともよくあります。いくつかの事例から法則を見つけ出し、それに従って結論を導き出す、といったパターンです。この場合、まず並列型で根拠を示し、それに基づいて因果型で結論を導き出すことになります。これを「入れ子型」と名付けておきましょう。

入れ子型＝（A、B、C）→D→E→結論

このように、何かを論証するときは、並列型か因果型、もしくはそれらを組み合わせた入れ子型で構成を考えます。材料が揃った段階で、どのパターンに当てはめるのかを考えるのです。

「起」の書き方

エッセイやブログ、ルポルタージュなどを「起承転結」や「起承展転結」で書く場合、構想の段階で最も頭を悩ませるのは「起」、つまり書き出しをどうするかではないでしょうか。読者は冒頭を読んで最後まで読むかどうかを決めるからです。**新聞記事を書く際も、最も力を入れるのが、実は冒頭のエピソードを見つける取材です。**

書き出しの文は、エピソードの種類に応じて決まってきます。構想段階で、どんなエピソードを取材すればいいのかや、逆に、取材したエピソードをどのような文で書き始めればいいのかについては、次のパターンを参考にしてください。

①推理小説型

冒頭で「謎」を提示します。読者は好奇心をくすぐられ、続きを読みたくなります。例えば、こんな感じです。

例1　＊＊大学に通う学生の間で、奇妙な噂が流れている。
例2　台風一過の＊＊海岸に不思議な生き物の死骸が打ち上げられ、話題を集めた。

素朴な疑問や、読者への質問で書き出すのも一つの手です。

例3　あなたは日本にネコが何匹いるか、ご存知だろうか。
例4　写真を見ていただきたい。何をしているところか、分かるだろうか。実は……

本文は、その謎を解く形で展開します。次の文章で「正解」を示す場合もありますし、最後まで引っ張って読者の興味をつなぎとめる方法もあります。

長めの文章なら、中盤などでいったん「誰もが思いつきそうな答え」を出し、「しかし、それだけでは説明がつかない」とひっくり返す高度なワザもあります。ちょうど推理小説の「どんでん返し」のような作りにするのです。

②ルポ型

いきなり情景描写で始めるパターンです。1行目から、カギカッコでくくった誰かの言葉で始める方法もあります。

例1　年の瀬も押し詰まったある夜。工場の一角で、社運を掛けたプロジェクトがひっそりと立ち上がった。
例2　「そんなことが許されるのか」。事業部長の山本華子は、部下の報告を聞いて耳を疑った。

場面を描くときには、インパクトを重視します。①とも共通しますが、読者に興味を抱かせるのが目的ですから、「どんな展開になるのだろう」と引き込まれるようなエピソードを探さなければなりません。同時に、記事のテーマを象徴するような場面でなければならないので取材は大変です。新聞社でも、大型企画の取材班は、こうしたエピソードを見つけてくるのがうまい記者で構成します。

③チラ見せ型

全体像の一部を見せて導入にする方法です。起承転結の項で説明した「大阪本町糸屋の娘」はこのパターンです。小説でも、この手法はよく用いられます。

例1　国境の長いトンネルを抜けると雪国であった。（川端康成『雪国』）
例2　吾輩は猫である。名前はまだ無い。（夏目漱石『吾輩は猫である』）

「昔々、あるところに、おじいさんとおばあさんが住んでいました」という昔話でおなじみの書き出しも、このパターンです。ストーリーの前提となる状況説明から入るという意味では、①や②に比べてひねりはありません。

しかし、むしろそれだけに、安直にやるとインパクトに欠けてしまいます。「何の話が始まるのだろう」と読者の興味や想像を掻き立てるテクニックが必要なのです。

ただ、テーマ自体に読者の関心が高い場合は、冒頭の表現に凝らなくても読者は引き込まれていくでしょう。その意味では、見出しで十分に読者の好奇心を掻き立てることができる場合に、この手法を採るといいかもしれません。

新聞でよく使われる書き出しは、巻末にまとめておいたので参考にしてください。

文章を迷わず書くには、こうしたスケルトンの作成が不可欠です。執筆に入る前の段階でしっかり悩んでおけば、全体の作業時間を大幅に短縮できます。

下調べを終えて実地取材に入る前に「こんな構成で書けるのではないか」という仮のスケルトンを作ることも重要です。現段階でどんな情報（材料）が足りないかが明確になり、取材の方針を決めるのに役立つからです。

巻末に調査報告書やプレスリリース、インタビュー記事などのスケルトン例を収録したので参考にしてください。

第5章

文を書く

まず、ざっと書いてみる

文章を効率的に書くコツは、「構成を決めてスケルトン（設計図）をつくったら、ざっと全体を書いてみる」ことにつきます。これは、新聞記者が仕事をするときの鉄則でもあります。

書き上げた段階で少々アラがあっても、読み返して修正すれば全く問題ありません。**文章をゼロから生み出す作業と、すでにある文章をわかりやすく書き直すのとでは、後者の方が圧倒的に簡単**なのです。

文章を苦手とする人の多くは、1文1文をじっくり吟味しながら書いてしまいます。しかし、文章の良し悪しを決めるのは「単語がうまく並んでいるか」「文がうまく並んでいるか」という構成です。言い換えれば、並べるべき単語や文が、一通り目の前にあった方が作業は断然、楽なのです。

この段階では、用意したスケルトンに沿って、揃えた材料を「並べる」感覚で書いていけば十分です。文と文、段落と段落の繋がりが悪い気がしても、とりあえず放置して先に進んでください。文がこなれなかったり、文法的な間違いが混じったりしていても、気にする必要はありません。それらを修正する方法については、後の章で説明します。

読みやすい文を書く三原則

記者は次の三つの原則を意識しながら書きます。いずれも、言いたいことを正確に表現し、読者に伝わりやすくするための条件です。

①1文は40字以内、最長でも60字以内で書く。
②説明したり主張したりすることは1文につき一つに絞る。
③受け身形（受動態）を使わない。

これ以外のことは、あまり考える必要はありません。「てにをは」の使い方など、細かい技術を考えていると、なかなか書き進むことができなくなるからです。そうした表現上のテクニックやノウハウは、文章をひととおり書いた後、推敲のときに駆使すればいいのです。

付け加えておくと、このルールはあくまでも「原則」です。無理をしてでも守ろう、と構える必要はありません。原則があれば例外もあるからです。

例えば、1文を40～60字で書くといっても、一つが10文字くらいある、外国の人名と地名が出てくれば、守るのは難しくなります。原則を守ろうとして、文に無理が生じてしまっては本末転倒です。

「40－60」の原則

一般に、文は長くなるほど、主語と述語の関係が複雑になります。主語と述語の関係が複数含まれる「複文」は、日常会話では珍しくありません。しかし文章にすると、文法的なミスをしやすくなるだけでなく、読み手にとっても負担です。意味を取り違えたり、読みにくくてうんざりしたりする可能性が高まるのです。

文の構造はなるべくシンプルにするのが理想です。「こういうケースでは複文は避けて単文を使う」といったルールを設けてもいいのですが、少し複雑すぎます。

焦っているときでも、**自然にシンプルな文が書けるようにするには、「文を短くする」というルールを自分に課すのが一番**です。文を短くすると、構造が複雑な文はそもそも書きにくくなるからです。

では、1文をどれくらいの文字数に納めればいいのでしょう。

新聞社では、「できれば3行以内、長くても5行以内に収める」というのが、よくいわれる目安です。紙の新聞は縦書きで、1行はふつう11～13字です。つまり、だいたい40～60字以内に収めればいいことになります。

実は、この60字という長さは、「読みやすい長さの限界」でもあります。文章心理学の研究者だった波多野完治は、1960年代に1文を平均40～60字で書くよう新聞社に提言しています。

当時の記事は1文の平均が90～100字程度と、今よりずっと長かったからです。

波多野の提言は、米国の文章心理学の研究成果を、日本語に適用したものでした。こうした指摘もあって、現在の新聞記事は、1文を平均40～50字に収めるようになっています。

1面に掲載されるコラム、「天声人語」（朝日新聞）や「編集手帳」（読売新聞）などでは、平均字数は30字程度になります。テーマや筆者によって傾向が違いますが、主に25～40字程度の短文を使うことで、文の柔らかさやわかりやすさを追求しているのです。

一方、ニュース原稿ではもう少し長めの文章が増えます。国際面のように、カタカナの地名や人名が出てくる場合は、平均80字を超えることもあります。そうした特殊なものを除けば、1文は40字前後で書かれているのが普通です。

つまり、文を書くときには、**「なるべく40字以内で書き、長くても60字以内に納める」**という原則に従うといいことになります。これを基準にし、エッセイなどの軽めの文章なら「なるべく30字以内で書き、長くても50字以内に納める」などと調整すればいいのです。

「いちいち1文の長さを数えるなんて面倒だ」と感じるかもしれません。その場合は、新聞記者の「1文は原則3行以内、長くても5行以内に収める」という習慣が参考になります。

一般に、ワープロソフトは1行35～40字の横書きで使うことが多いでしょう。その場合は「1文は1行半以内」という目安を設けておけばいいのです。文が2行にわたった場合は要注意、ということです。3行目に入ったら明らかに長すぎるので、2文に分けます。

「1文1意」の原則

文を短く書くことに加えて重要なのが、「一つの文では、伝えることを一つに絞る」という心がけです。これを「1文1意」と呼ぶことにしましょう。

文を長くするということは、たくさんの情報を詰め込んでいるということです。これを、絞り込んで一つにするのです。

話し言葉であれば、文を延々と伸ばすことができます。こんな感じでしゃべることはないでしょうか。

昨日さあ、先輩に飲み会に誘われてついて行ったんだけどさあ、失敗だったのが、入ったのが深夜営業してる店でさあ、気づいたら終電の時間が過ぎててさあ、困ったんだけど「まあ、少しならいいか」なんて思ってたら、これがまた先輩ってのが暇を持て余してる人だから、ぜんぜん話が終わらなくてさあ、タクシーの深夜料金も値上げされたばっかりだし、結局、始発まで付き合う羽目になってさあ、おかげで今日はほとんど徹夜明け状態なわけよ。

極端に感じるかもしれませんが、読みにくい文章を書く人は、似たようなことを書き言葉でもやってしまっているケースが多いのです。

この例は、日常でよくあることを題材にしているので、文字で読んでも理解しにくくはないかもしれません。しかし、主語は語り手自身になったり、先輩になったり、タクシーの運賃になったりと、途中で入れ替わっています。同じ感覚で、専門的な話や、相手が想像しにくい状況について書くと、読者は混乱してしまうのです。

そこで、「1文1意」を意識します。先の例でいえば、

昨日、私は先輩に飲み会に誘われ、ついて行った。失敗だったのは、入ったのが深夜営業の店だったことだ。気づいたら終電の時間が過ぎてしまったのだ。困ったものの、「まあ、少しならいいか」と付き合うことにした。しかし、先輩は暇を持て余しているので、なかなか話が終わらない。考えてみればタクシーの深夜料金も値上げされたばかりだ。結局、始発まで付き合う羽目になった。おかげで、今日はほとんど徹夜明けの状態だ。

と書くわけです。

受け身形を使わない

日常会話では「〜された」という受動態をよく使います。**受け身の表現はそれだけ便利なのですが、行為の主体が曖昧になりやすいという欠点があります。**

なぜでしょう。「＊月＊日に運動会が開かれた。」という文は文法的には何も間違っていませんし、不自然でもありません。しかし、この文だけでは、「誰」が運動会を開いたのかがわかりません。５Ｗ１Ｈでいえば「who」が抜けているのです。

もちろん、続けて「主催は＊＊中学校だった」などとwhoについての情報を付け加えることはできます。しかし、締め切りに追われながら書いていると、うっかり書き漏らしてしまう恐れがあります。しかも、文としては自然なので、読み返しても気づきません。報告書などの実用文では、これが致命的な欠陥になることがあります。

日常会話でこうした情報漏れが問題にならないのは、話す方も聞く方も、「話題になっている運動会といえば＊＊中学校の行事だ」とわかっているからです。

もともと日本語は主語を曖昧にする傾向がある言語です。これは、他国に比べ文化的な同一性が高いことと無関係ではないでしょう。「はっきり言わなくてもわかる」部分が多いのです。

このため、文を書くときも同じ感覚で「誰が」を省略してしまいがちです。しかし、バックグラウンドが異なる人々に読んでもらう文では「who」は必ず示すべき情報なのです。

こうしたミスを防ぐには、能動態を使うのが手っ取り早い解決策になります。「＊月＊日に運動会を開いた」という文なら、だれもが一読して違和感を持つはずです。すぐに「誰が？」という疑問が浮かび、主催者情報が抜けていることに気づくでしょう。そもそも、能動態を使うというルールを意識していれば、書く段階で無意識に「＊＊中学校は＊月＊日に運動会を開いた」と、主催者情報を盛り込むのではないでしょうか。

もちろん、どう考えても受け身を使った方がよく、それで問題もないケースというのはあります。しかし、「受動態は原則禁止」というルールを自分に課しておけば、それを破るときには慎重になります。「これは行為の主体が抜けているけど問題ないかな」と立ち止まって考える癖がつくのです。だから、文を書き慣れるまではあえて能動態だけで書く訓練をするわけです。

リードを書く

すでに説明したように、新聞のニュース記事は第一段落が「リード」になっています。このリードは、短いストレートニュースの場合は120〜180字、長い記事でも150〜200字程度で、記事全体を要約しています。

言い換えれば、この程度の文字数があれば、5W1Hを中心としたニュースのポイントを詰め込むことができます。このノウハウを知っていれば、文章の冒頭で全体の要旨をまとめたり、何かを簡潔に説明したりする際に応用できます。ビジネス文書を作るときも、まずリードを書くと、頭の中が整理され、短い時間で読みやすい文章が書けます。

リードのような文章を書くには、**説明する事柄の本質が何かを考えた上で、どんな要素を盛り込むか取捨選択することが重要です**。言い換えれば、価値判断をして情報の一つ一つに優先順位をつける必要があります。180字程度で書けることは限られるからです。

念のためおさらいすると、5W1Hは次の6要素から成ります。

When（いつ＝時期、時間）
Where（どこで＝場所）
Who（だれが＝行為者）
What（何を＝行為、内容）
How（どのように＝方法）
Why（なぜ＝目的、理由）

最初の when と where は、まとめて「場面」ととらえ、5要素とする場合もあります。これは、5要素にまとめると、指を折って数えられるからです。メモを取れない現場などで、取材漏れがないよう指を折って確認していくわけです。

報告書などを書く際には、まずそれぞれの要素をノートなどに書き出します。こうすると、大事な情報を書き忘れるリスクが減るうえ、構成を考えるのにも役立ちます。慣れてくれば、わざわざ書き出さなくても文章に自然に盛り込めるようになりますが、**最初のうちは面倒でもきちんと文字にすることが重要です。**

6要素といっても、それぞれが一つずつあるとはかぎりません。例えば「who（誰が）」は外せない要素ですが、5人、10人が関わっていることはよくあります。全員のフルネームや肩書きなどを書き込んでいくと、それだけで制限字数をオーバーしかねません。この場合、中でも重要なのが誰なのかを判断して「＊＊氏らが」と表現したり、所属する団体に代表させて「＊＊に取り組むグループが」と言い換えたりする必要が出てきます。

同様に、what や why も複数あることの方が多いでしょう。それらの軽重を判断し、それぞれについて一つか二つに絞り込まなければならないのです。

実は、**長い文章が書けない人は、この順位づけの作業をおろそかにしているケースが大半**です。こうした価値判断は執筆作業に入る前に済ませておくべきであり、そうでなければ書き始めてから迷うことになります。設計の段階で、この作業を終えていることが前提になります。

もう少し具体的に手順を説明しましょう。まずは5W1Hのそれぞれについて、一通り要素を書き出してください。次に、what、why などそれぞれの項目に要素が複数ある場合は、優先順位をつけます。そのうえで、リードに盛り込むものを絞り込みます。5W1Hをすべて書く必要はありません。例えば絶対に外せない what が二つあって、字数が膨らみそうだと思えば、やや不要な how を外せばいいのです。

このとき、最大で180字など制限字数を意識することがポイントです。どの要素を盛り込み、どの要素を捨てる（後の段落に回す）かを考えることは、これから文章にする内容の「本質」が何かを考えることと同じだからです。

書くべき要素が決まれば、それを文にしていきます。どの要素から説明するかはケースバイケースですが、新聞記事では次のような流れが一般的です。カッコ部分は省略して、後の段落に回すこともできます。

who→（when、where）→what→（how）→（why）

これだけではピンとこない人もいると思うので、例文を上げておきましょう。近未来を想定した架空のニュースですが、こんな感じです。

厚労省、年金開始75歳に引き上げ検討。２０３０年から

厚生労働省は8日、２０３０年から公的年金の支給開始年齢を原則75歳に引き上げる方向で検討に入った。例外の範囲や激変緩和措置は、有識者会議を設置して詰める。背景には、現状では年金財政の破綻が避けられず、増税や保険料の引き上げも頓挫したことがある。

５Ｗ１Ｈに分けると次のようになります。

（who）厚生労働省は（when）8日、（what）２０３０年から公的年金の支給開始年齢を原則75歳に引き上げる方向で検討に入った。（how）例外の範囲や激変緩和措置は、有識者会議を設置して詰める。（why）背景には、現状では年金財政の破綻が避けられず、増税や保険料の引き上げも頓挫したことがある。

この例文では、場所（where）は主体（who）である厚生労働省に含まれていると考えることもできます。what の中には、入れ子構造のような形で「2030年から」という when が含まれていますが、ここではひとまとまりでwhatと捉えてください。

いずれにせよ、まず**1文目で how と why を除く重要情報を書いてしまいます**。

なお、内容によっては、場面（when, where）から書き出しても構いません。

（when）10日午後3時ごろ、（where）＊＊大学のキャンパスに（who）体調1メートルほどのイノシシが1頭、（what）侵入した。（how）イノシシは居合わせた学生数人を襲って逃走（した）。学生2人が全治1週間のけがを負った。（why）イノシシは近所の観光牧場から逃げ出した個体とみられる。

このように、**5W1Hの並べ方には、「型」があります**。これを覚えておけば、状況を短く描写するときに迷う必要はありません。いわば機械的に文章が作れるのです。

この型を知っていると、報告書などを書く前提で人から話を聞くとき、効率良く質問ができるでしょう。「who→when→where→what→how→why」という順に聞いてメモをすれば、あとで文章にするとき構成に悩まなくてもいいからです。

記者は、取材してすぐに原稿を書かなければなりません。そこで、どういう見出しとリードが書けるかを頭の片隅で考えながらメモをします。例えば、こんな感じです。

Who=首相
When=3月8日、閣議後
Where=首相官邸
What=記者会見した。「野党が審議拒否で国会を空転させている」と非難した。
How=強い口調
Why=野党を牽制する狙い

それぞれの要素を順に文にしていくと、

首相は3月8日の閣議後に記者会見し、「審議拒否で国会を空転させている」と強い口調で野党の対応を非難した。重要法案の審議入りを前に野党をけん制する狙いがあるとみられる。

と書くことができます。

段落の中の「文」の並べ方

リード以外の段落の中に複数の文をどう並べるかについても、一定のパターンがあります。記者は、執筆時間がないとき、次の三つの原則に従って機械的に書いていきます。

①時系列

何かの経緯を説明するとき、起きたことから順に書いていく方法です。わざわざルール化しなくても、普段からこのように書いている人は多いでしょう。ただし、このやり方を適用できるケースは、それほど多くありません。

②因果関係

物事の経緯などを説明する際には、「原因から結果へ」という流れで書きます。「原因」はさらに細かく分解することができます。具体的には、

契機（きっかけ）↓変化↓メカニズム↓結果

と考えます。機械が故障した経緯について説明する場合は、

「従業員が台車をぶつけた（契機）」↓「歯車が一つ破損した（変化）」↓「モーターからコンベアに動力が伝わらなくなった（メカニズム）」↓「生産ラインがストップした（結果）」

という順で書きます。それぞれの2文目以降の頭に「そのため、」とつけたときに自然に流れるようにするのがコツです。もちろん、すべて「そのため、」で始めるとクドくなるので実際には

書きませんし、流れが自然であればこうした接続詞は必要ありません。

同じように、意志を持った人や団体などの行動について説明する場合には、

契機（きっかけ）↓動機・目的↓手段↓行為

という流れにします。先の例で生産ラインがストップした対応について説明するなら、

「生産ラインが止まった（契機）」↓「歯車を買って調達しなければならない（動機・目的）」↓「銀行からお金を借りる（手段）」↓「メーカーに発注（行為）」

という流れになります。

③降順

最も汎用性が高いのは、この方法です。降順とは**「大きなものから小さなものへ」**という並べ方です。ここではもう少し広く解釈し、**「マクロからミクロへ」「全体から細部へ」「抽象から具体へ」「重要な順に」**という意味を含めます。

すでに説明したように、新聞などのニュース記事も「重要なことから順に書く」という原則に従い逆三角形の構成にします。これは段落の並べ方についてのルールでしたが、文の並べ方につ

いても同じことがいえるのです。

「全体から細部へ」というのは、人が風景などを見て理解するときの流れです。例えば風景写真を見せられたとき、まず「日本の街の写真だな」などと全体像を理解します。その上で、「ビルがあるな」「ビルには窓があるな」「窓を拭いている人がいるな」と、より細かい部分へと目が移っていきます。モノではなく概念を理解する場合も、まず大づかみにしてから、細かい分類を考えることが多いでしょう。

こうした構成にするのは、**文章は何かを理解するときの思考の流れに近いほど読みやすい**からです。内容が自然に頭に入ってくるのです。

補足文の入れ方

文を並べるときは、材料を「降順」「因果順」「時間順」のどれかに従って並べます。ただ、わかりやすい文章にするには、途中に補足情報を挿入した方がいい場合もあります。

日常的な言葉を使って説明したとしても、内容自体が難しければ、一読しただけでは頭に入ってきません。こうしたケースでは、同じことを別の表現で言い換えたり、別の角度から光を当てたりして、読者の理解を助ける必要があります。

次の例を見てください。

現在の中高年が若いころは、活字の印刷物といえば新聞や本だけだった。学校や役所の配布物も、手書き文字を謄写版でプリントしたものだった時代を覚えている人が多いだろう。もちろん、個人的な手紙や日記はすべてペンや鉛筆で書いていた。

しかし、物心ついたころには身の回りにネットがあった世代は、そういう社会を経験していない。このため、発信者が公的な機関だろうが個人だろうが、ネット上にある「文字で書かれた情報」であれば質の違いを意識せずに受け取ってしまう傾向があるのだ。

これだけでも、言わんとすることは伝わるでしょう。2段落目の最後にあるように、「若い世代は、発信者によって信頼性が異なることを意識しないでネットの情報を受け取る傾向がある」という趣旨です。ただ、途中で一瞬、考え込んだ人もいるのではないでしょうか。それは、第一段落が何を示唆しているのかが、わかりにくいからです。二つの段落の間に、論理の飛躍や断絶があるように感じてしまうのです。

こうしたケースでは、第一段落の最後に、前の文の意味を補足する文を加えるとわかりやすくなります。例えば、次のようにします。

現在の中高年が若いころは、活字の印刷物といえば新聞や本だけだった。学校や役所の配布物も、手書き文字を謄写版でプリントしたものだった時代を覚えている人が多いだろう。もちろん、個人的な手紙や日記はすべてペンや鉛筆で書いていた。つまり、「何に書かれているか」

や「活字か手書きか」によって、それが信頼性の高い公的な情報か、個人が気楽に発信した私的な情報かは一目瞭然だったのだ。

しかし、物心ついたころには身の回りにネットがあった世代は、そういう社会を経験していない。このため、発信者が公的な機関だろうが個人だろうが、ネット上にある「文字で書かれた情報」は質の違いを意識せずに受け取ってしまう傾向があるのだ。

このように説明を書くときには、読者にわかりにくいと思われる部分に、補足情報を入れていきます。この作業は推敲の段階でしてもいいのですが、執筆しているときに終えておけば手間が省けます。書いていて「ここはわかりにくいかも」と思ったときは、「言い換えると」「見方を変えると」「つまり」「要するに」などの言葉で始まる補足文を入れるといいでしょう。

客観性のある表現をする

報告書やレポートなどの実用文には「客観性」が求められます。新聞の記事も、ニュースについては「客観報道の原則」があります。筆者の主観を排し、客観的な事実を中心に書くという意味です。

実用文を読む人は、「書き手がどんな性格の人か」「書かれている事実に対してどんな感情を持っているか」などに関心は持っていません。事実が正確に、わかりやすく書かれているかどうかが重要なのです。

文が客観的か主観的かは文末の表現に表れます。主観的な文章には、「〜と思う」「〜と感じた」といった表現がたくさん出てきます。

客観的な文章を書く場合、こうした表現はできるだけ避けます。個人的な価値観や印象論でものごとを論じるのが難しくなり、自然に客観性のある文章になるからです。具体的には、「〜だ」「〜である」「〜です」といった断定表現を使います。

一方、誰かから聞いたものの、自分では確認していないことを書くときは、「伝聞」だとわかるように書きます。その際、誰がそう言っているのか（書いているのか）を明記することも重要です。「〜によると〜だ」「〜は〜としている」「〜によると〜という」などの表現を使うのです。

推測や、結果に不確実性がある予想について書くときにも、きちんと根拠を示したうえで、「〜とみられる」「〜の可能性が高い」「〜の懸念がある」といった表現を使います。実際にそう考えているのは筆者自身ですが、第三者の視点に立って、客観的な根拠に基づいて判断していることを示すためです。

どんな表現を使えばいいかは、ネットなどに流れている一般紙（全国紙や地方紙）のニュース記事を参考にするといいでしょう。

とりあえず文章を締めるための表現

文章を書いていて、「最後の文」が決まらなくてイライラした経験はないでしょうか。書くべきことは書いたのに、締めの言葉が思い浮かばない、というケースです。

こうした場合に備え、とりあえず仮置きしておくための「締めの言葉」を覚えておくと便利です。具体的には、「〜することが期待される」「今後も紆余曲折が予想される」といったフレーズです。

ただし、こうしたフレーズは、記者の間では「ナリチュウ（成り注）」と呼ばれ、避けるべき表現とされています。かつて、どんな記事でも「成り行きが注目される」で締めていた時代があったことの名残です。この手の紋切り型表現を使うと、文章の雰囲気が凡庸になります。何も言っていないに等しいので、論点も拡散してしまいがちです。

その意味では、推敲の段階ではできるだけ削除する方が賢明です。そもそも、段落の構成が自然な流れになっていれば、なくてもいいケースがほとんどです。

ただ、執筆時に「とりあえず締めの言葉を入れて次に進みたい」というときには便利です。何も言っていないぶん、たいていの場面で使えるからです。

推敲の段階では修正することを前提に、次のような締めの言葉を仮置きしておくのも文章を早く書くテクニックです。

成り行きが注目される
今後の活躍が期待される
今後も紆余曲折が予想される
予断を許さない

第6章

読みやすい文章とは

読み手に頭を使わせない

文章を一通り書き終えたら、読み返して細かい点を修正していきます。文法や漢字などの間違いを正すほか、読み難い部分を書き直すのです。そうした修正作業について説明する前に、「読みやすい文章」と「読みにくい文章」では何が違うのかについて考えてみましょう。

「読みやすい」とは、ひとことで言えば、「読み手に頭を使わせない」ということです。言い換えれば、「頭に楽をさせる」ことができれば、読者は読みやすい文章だと感じるのです。

急いで付け加えれば、これは「読者に深く考えさせない」という意味ではありません。その逆で、構文や筆者の意図を読み解くことに力を割かなくてよければ、テーマ自体について深く考えてもらうことができるのです。

そもそも、私たちは文章を読むとき、頭をどんなふうに働かせているのでしょうか。**普段は意識しませんが、頭の中で次の四つの作業をしている**はずです。

①覚える

文章を読むときには、「この文の主語は＊＊だな」「この段落では＊＊について論じているんだよな」などと、頭のメモリーに情報を一時保存します。読み進めるうちに「あの主語に対応する述語はこれか」「前の段落で提示された問題の答えはこれか」と、気付くわけです。裏返せば、その間はずっと、いつでも取り出せるように情報を記憶しておく必要があるのです。

②思い出す

「この単語はどういう意味だったかな」などと、記憶を呼び戻す作業です。難しい言葉が出てきたときに読みにくいと感じるのはこのためです。①との関連で、「この述語に対応する主語は何だっけ」などと、これまで読んできた情報を思い出すことも必要です。

③予測する

①とも関連しますが、読み手は無意識のうちに「この主語に対応する述語は何だろう」「この文のあとには、こんな文がきそうだな」などと予測を働かせながら文を追っています。ある段落が「これにはどんな理由があるのだろう」という文で始まっていれば、頭の中で「すぐに原因についての説明が続くぞ」と身構えるわけです。

このとき、なかなか原因について述べた文が出てこなければ、読者は予想を裏切られたと感じたり、「ということは次の段落に書いてあるのかな」などと新たな予測を始めたりしなければなりません。これも心理的なストレスを感じさせます。

④イメージする

風景などの描写を読むときは、「どんな光景を描いているのだろう」などと、文章表現を手掛

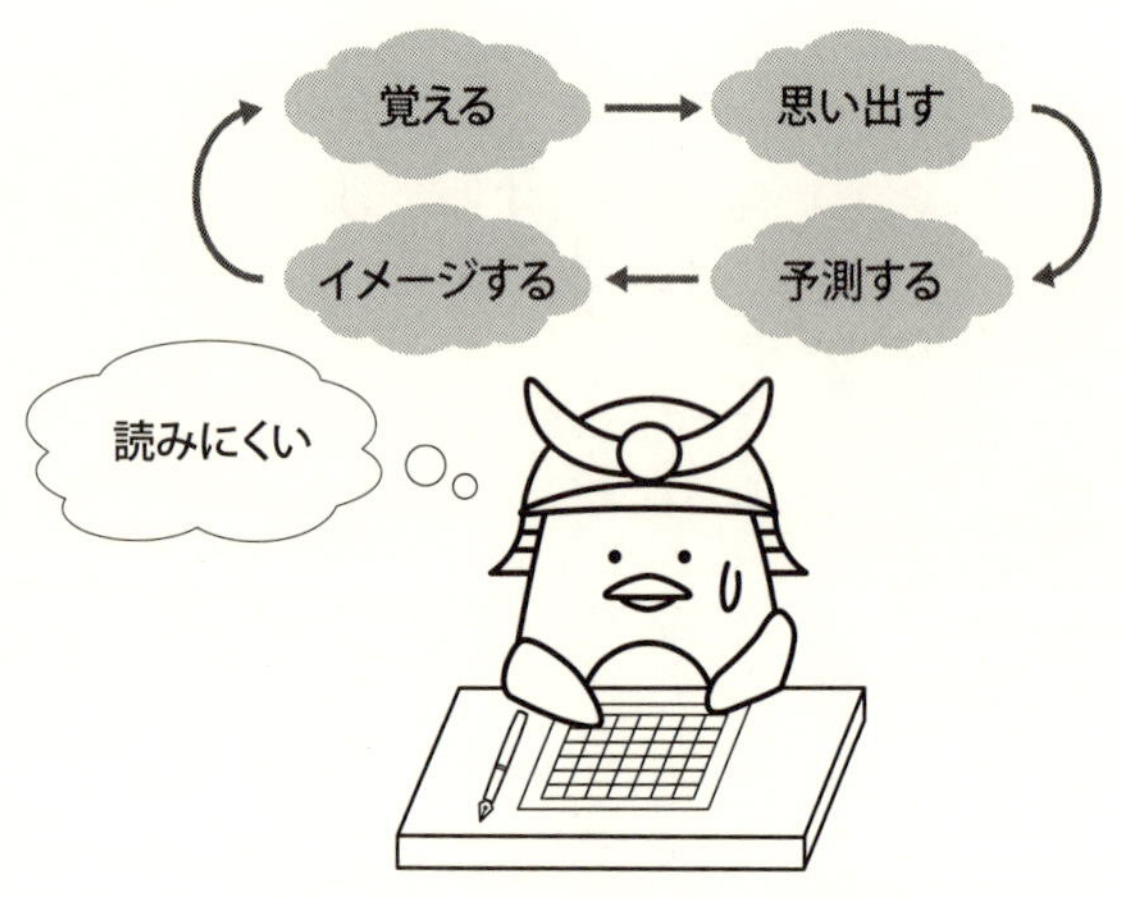

頭の中で４つの作業をすると脳が疲れる

かりに、頭の中に具体的なイメージを思い浮かべます。しかし、説明が不足していると、欠けている情報を自分で補ってイメージを作らなければなりません。これも脳に負荷をかける原因です。抽象的な事実について説明するときも、頭の中で図式化したり、分類したりしなければ理解できないことがあります。このときも、頭の中で図や表を思い浮かべているわけです。

文章を読むとは、こうした作業を頭の中でめまぐるしく繰り返すことだといっていいでしょう。実際には、いちいち「自分はこの文の主語に対応する述語を推測しているな」などと考えたりはしません。しかし、こうした作業の難易度が高かったり、回数が多かったりすれば脳は疲れます。これが「読みにくい」という状態です。

裏返せば、こうした作業をなるべく省いてやれば、読者は疲れずに読むことができるのです。

読みにくい原因

先にあげた四つの負荷がかかる原因は無数にあります。ただ、「よくあるパターン」というのは、それほど種類がないものです。

私の経験からいえば主なものは次の三つで、これで8~9割は占めるといっていいでしょう。言い換えれば、読みにくい部分は、そのどれかだと仮定して修正を検討すればいいわけです。

①構文が複雑

文を書く段階で「40~60字の原則」を守っていれば、構文がそれほど複雑になることはありません。ただ、それでも読みにくい場合、さらにシンプルにする必要があるのかもしれません。特に長さが上限に近い場合、2文に分割できないか検討してみてください。

原因の多くは主語と述語の関係が複数あり、それぞれの対応関係が見えにくいことです。

おじいさんは山に芝刈りに、おばあさんは川に洗濯に行った。

という文は、主語が「おじいさん」と「おばあさん」の二つで、両方を最後の「行った」という述語で受けています。この文は30字以下と短いので読みにくくありません。しかし、修飾語が増えていくと最初の主語である「おじいさん」と、述語である「行った」が離れてしまい、対応関係が見えにくくなります。

おじいさんは家から2・5キロ離れた通称「大文字山」に芝刈りに、おばあさんは徒歩3分とすぐ近所を流れる川に洗濯に行った。

この文を読むとき、読者の頭の中では何が起きているのでしょう。いったん「おじいさん」という主語を頭の片隅に「記憶」しておき、「おばあさん」という次の主語が出てきた段階でも対応する述語がないので、さらに後に出てくるのだという「予測」をします。そして、最後まで読んで初めて、二つの主語を受ける共通の述語が「行った」だと知るわけです。

このため「おばあさん」が出てきた段階で頭のメモリーから「おじいさん」が消去されてしまったりすると、全体の意味が見えなくなることもあるわけです。こうしたケースでは、文を二つに分けるとスッキリします。

おじいさんは家から2・5キロ離れた通称「大文字山」に芝刈りに行った。一方、おばあさんも徒歩3分とすぐ近所を流れる川に洗濯に行った。

こうすれば、「おじいさん」と「行った」の距離が縮まります。頭のメモリーに「おじいさん」

という主語を一時保存する時間が短くなり、「おばあさん」が出てきた段階で必要だった予想も不要になりました。これが「読みやすくなる」ということなのです。

②論理展開に無理がある

スケルトンに基づいて書いた文章は、全体としては当初想定した論理展開に沿って文や段落が並んでいるはずです。しかし、改めて読んで不自然であれば直す必要があります。

勢いで書いた文章は、読み返してみると論理に飛躍があるケースがよくあります。たとえ論理展開の「順序」が正しくても、必要なパーツ（文）が抜けていると、読者はそれを「予測」で補う必要が出てきます。「補足文」でも触れたように、読み手にこうした手間をかけさせないよう、ていねいに説明する必要があるのです。

③説明不足

②とも重なりますが、説明が不十分な場合も読者は読みにくく感じます。例えばなじみのない専門用語がたくさん出てくれば、たとえ論理展開は自然でも読者はついていけなくなります。「予測」や「イメージ」の面で頭に負荷がかかるのです。場合によっては、いちいち辞書などを調べながら読むことになってしまうでしょう。

こうした場合は読者の視点に立ち、難しい用語に注釈をつけたり、説明を補ったりします。あとで説明しますが、イメージしにくい場面を書くときは、写真やイラストをつけるなどの工夫も必要になります。

漢字の割合は3分の1程度

先に挙げた三つの原因ほど本質的ではありませんが、漢字がたくさん出てくると文章も読みにくく感じるものです。

本屋さんで、参考書や入門書を探しているときのことを思い出してください。ページを適当にめくって漢字が多いと、「何となく難しそう」と避けてしまわないでしょうか。ひらがなと漢字の割合は、文章から受ける印象を大きく左右するのです。

試しに、冒頭の文の漢字を増やしてみましょう。

文章に漢字が沢山出て来ると読み難く感じます。

読みにくいですね。冒頭の文は漢字の比率が28％ですが、漢字を増やしたバージョンは50％です。しかし、逆にひらがなが多すぎても日本語は読みにくくなります。

ぶんしょうにかんじがたくさんでてくるとよみにくくかんじます。

読みやすくなるどころか、暗号文のようにさえみえます。では、「ちょうどいい割合」は何%くらいなのでしょうか。

答えは、文の中で漢字が果たしている役割を考えるとみえてきます。すぐに思いつくのは「同音異義語の区別」です。先に挙げたひらがなだけの文では、「漢字」と「感じ」は同じ表記になります。どちらの意味で使っているのか、文脈から予測するしかないため、頭に負荷がかかるのです。

もう一つの役割は、文の区切りを示すことです。ひらがなだけの文章は、言葉と言葉をどこで区切ればいいか、見分けがつきません。日本語は欧米の言語と異なり、単語の間にスペースを入れる「分かち書き」をしないからです。試しに、ひらがな文を分かち書きにしてみましょう。

ぶんしょうに　かんじが　たくさん　でて　くると　よみにくく　かんじます。

どうでしょう。続けて書くよりは読みやすいはずです。実は、このスペースと同じ役割を漢字が果たしているのです。分かち書きのまま、漢字を入れるとこうなります。

文章に｜漢字が｜沢山｜出て｜来ると｜読み難く｜感じます。

それぞれのつなぎ目が「ひらがな＋漢字」という並びになっているので、ひと目で文の切れ目だとわかります。逆に、「沢山出て」は、つなぎ目が「漢字＋漢字」になってしまい、読みにくくなります。

新聞記者は、こうした漢字の働きを活かしながら原稿を書きます。すると、句読点や記号なども含む文章全体に占める漢字の比率は30〜40％程度になります。言い換えると「3分の1程度が漢字」だと読みやすくなるのです。

ただし、この比率は漢字の地名や人名、外国語のカタカナ表記などがどれだけ出てくるかによって変わってきます。例えば新聞の国際面では、外国の地名や人名がカタカナになるので、漢字比率は20％程度になります。逆に、政治面の記事や社説などは、漢字の専門用語や人名などが多くなります。

漢字を減らす方法

新聞社で働いていたころ、自分が出した原稿を見たデスクから、「紙面が黒っぽくなるぞ」と注意されることがありました。これは「漢字が多すぎて読者に固いイメージを抱かせるので、ひらがなの割合を増やせ」という意味です。だいたい漢字比率が40％を超えると文章は「黒っぽく」なってきます。

漢字が多すぎるなと気づいたときは、次の二つの方法で減らします。

①漢字2字で始まる動詞を言い換える

日本語には、漢字2文字の熟語に「する」を付けて動詞化した言葉がたくさんあります。「開始する」「増加する」「推進する」などはその代表例です。便利なのでよく使うのですが、漢字が増えるだけでなく、文の調子が固くなる原因になります。

こうした言葉は、ひらがなの比率が多い言葉に置き換えていきます。

「開始する」↓「始める」
「増加する」↓「増える」
「推進する」↓「進める」

漢字の数や比率が減るだけでなく、より日常語に近い表現になります。日常で使わない言葉ほど、こうした言い換えは効果を発揮します。親しみのある言葉に、置き換えてしまうのです。

「肯定する」↓「認める」
「熟慮する」↓「よく考える」
「把握する」↓「つかむ」

こうした言い換えをすると文章が子供っぽくなるのではないかと心配になる人もいるでしょう。

しかし、難しい単語や言い回しをたくさん使うと、格調が高くなるどころか「背伸びをしている中学生の文章」のように見えてしまうこともあります。わかりやすい言葉を使うほど、読者が文章に感じる信頼性は高まるという海外の研究もあるようです。たくさんの人に読んでもらう文章では、かた苦しい表現は避ける方がいいでしょう。

②形式語をひらがなにする

日本語には、本来の意味が薄れた形で使われる言葉があります。例えば、「やって見る」の「見る」は、「目で何かを視認する」という本来の意味ではなく、「試す」に近いニュアンスで使われています。同じように「やって置く」の「置く」も、「何かをある場所に据える」という本来の意味ではなく、「前もってする」というニュアンスを付け加えるために使われています。これらの動詞は、本来は特定の動作を表す言葉ですが、他の言葉にくっついてニュアンスを補う働きをするようになったのです。

こうした形式語は、漢字で書く必要はありません。むしろ、「見て見る」「置いて置く」のように漢字で書くと奇妙な印象を与えることさえあります。次の5つはワープロが漢字に変換してしまうことが多いので、チェックするといいでしょう。

「見る」＝食べて見る→食べてみる
「置く」＝食べて置く→食べておく

「来る」＝食べて来る→食べてくる
「行く」＝食べて行く→食べていく（「食べ続ける」という継続の意味で使う場合）
「言う」＝食べたと言う→食べたという（「食べたそうだ」と伝聞の意味で使う場合）

こうした形式語は敬語でもよく使われます。「敬語の語尾はひらがなに直す」と覚えておくとよいでしょう。

「下さる」＝食べて下さる→食べてくださる
「頂く」＝食べて頂く→食べていただく
「差し上げる」＝食べて差し上げる→食べてさしあげる

名詞や形容詞でも、同じように「本来の意味が薄れた形」で使われるものがあります。例えば「事」という名詞は、「～する事が重要だ」のように使います。「物」も「より美しい物が」といった使い方があります。こうした名詞も、ひらがなで表記した方が自然な印象を与えます。

「事」＝食べる事→食べること
「物」＝食べる物→食べるもの
「時」＝食べる時→食べるとき

「所」＝食べていた所↓食べていたところ

形容詞でも、「難い」「無い」「欲しい」などが他の言葉にくっついて使われます。

「難い」＝食べ難い↓食べにくい
「易い」＝食べ易い↓食べやすい
「無い」＝食べ無い↓食べない
「欲しい」＝食べて欲しい↓食べてほしい
「良い」＝食べても良い↓食べてもよい（いい）

このように、「漢字2文字の熟語動詞」と「形式語」をひらがな言葉にするだけで、文の印象はずっとやさしくなります。

親しみのある言葉を選ぶ

文章を読みやすくするもう一つのコツは、読者が日常の会話で使っている言葉を使うことです。
「飛行機」と「航空機」は、意味も漢字の数も同じですが、「飛行機」の方が普段の生活で口にすることが多いので、やわらかい印象を与えます。

逆に、航空業界向けの記事を書くときに「飛行機」を使うと、専門家である読者は違和感を覚えるかもしれません。このように、言葉を選ぶときには読み手の知識レベルや生活スタイルに合わせる必要があるのです。

例えば、英語の「マネー」に当たる言葉は、日本語では「通貨」「貨幣」「金」「お金」「資金」「現金」「カネ」などたくさんあります。どれを選ぶかは、想定する読者層によって変えます。

経済紙である日経新聞でも、経済に詳しい人が読むことが多い証券面では「通貨」などの言葉を使いますが、幅広い背景を持った人が目にする1面では「お金」などと言い換えているのです。

ここでは、より日常語に近い言葉に直す例を挙げておきましょう。

船舶↓船
被保険者↓保険に入っている人、保険の加入者
顕著に↓目立って

人が「難しい」と感じるのは、漢字の単語だけではありません。カタカナ語も、世代や職業などによって、どれだけ馴染んでいるかが異なります。読者層を意識して使う必要があるでしょう。

語順を入れ替えるコツ

どの文が「こなれていない」かは、読めば何となくわかるものです。ただ、それをどう直せばいいのか、指針がほしい人も多いのではないでしょうか。そういう人は、①対応語は近くに②**who は前に——という原則を覚えておくと作業がはかどります。**

次の文は文法的には間違っていません。意味もわかりますが、何となくこなれていない印象を受けるのではないでしょうか。

効率よく忙しい読者に情報を伝える。

まず語句の対応関係に注目します。この文では「効率よく＋伝える」「忙しい＋読者」「読者に＋伝える」「情報を＋伝える」という対応関係があります。こんなに短い文なのに、読み手はどの言葉がつながっているかを4回も予測しなければならないわけです。

ただし、隣り合っている言葉は直感的にひとまとまりだとわかります。「忙しい読者」「情報を伝える」の部分はつながっているので判断は不要です。

逆に判断が難しいのは、言葉同士が離れている「効率よく＋伝える」の部分です。そこで、「効率よく」の部分を後ろに移動するのです。

忙しい読者に情報を効率よく伝える。

どうでしょう。すっきりしたと感じるのではないでしょうか。

ただし、「読者に＋伝える」「情報を＋伝える」の部分は少し距離が離れてしまいました。この変更は問題ないのでしょうか。

ここで②の「who は前に」の原則が生きてきます。行為の主体（who）を表す「読者」が文頭に出てくるので、むしろ読み始めから「誰がこの文の who か」を認識でき、すっきりするのです。

単調さを防ぐことも必要

すでに述べたように、文や文章は思考の自然な流れに沿って展開するとわかりやすくなります。ただし、わかりやすいだけが「いい文章」というわけではありません。**あまりにもスムーズに読めてしまうと、単調に感じることがある**からです。

例えば、「原因から結果へ」という基本パターンで書くと情報が頭に入りやすくなります。一方で、「先に結果や結論を知りたい」と感じる読者もいるでしょう。

こうした場合に覚えておきたいのが倒置法です。文や文章の流れをあえて変則的にすることによって、読者の気を引いたり、印象を強めたりする手法です。
使い方は簡単です。基本パターンに従って書いた文や文章が「退屈だな」と感じたときなどに、最後の部分を頭に移すだけだからです。

①文の場合

「原因→結果」の順に並んでいる語句を入れ替えるのが基本です。その際、1文を2文に分割すると、印象はより強まります。次のような文があったとします。

居酒屋チェーンでの過労死が報道され、飲食業界は仕事がきついというイメージが広がった。

この文章は、読点までが原因、そのあとは結果について書かれています。セオリー通りなので読みにくくはありません。ただ、あえて流れを変えて印象付けたいなら、前後を入れ替えればいいのです。1文バージョンと、2文バージョンを示しておきましょう。

〈1文〉
飲食業界は仕事がきついというイメージが広がったのは、居酒屋チェーンでの過労死が報道されたためだ。

〈2文〉
飲食業界は仕事がきついというイメージが広がった。居酒屋チェーンでの過労死が報道されたためだ。

②段落の場合

ある段落が4文から構成され、因果関係に従って、文A、文B、文C、文Dの順で並んでいたとします。最後のDは結果が示されているわけです。倒置法では、このDを冒頭に持ってきます。つまり、D、A、B、Cとするのです。

例えば、次のような段落があったとします。

（A）居酒屋チェーンでの過労死が報道され、飲食業界は仕事がきついというイメージが広がった。（B）最近の若者は仕事よりもプライベートを大切にする傾向があり、新卒の採用競争では不利になる。（C）このため同社では、学生の先入観を取り払うことを採用戦略の柱に据えた。（D）今年度からは、有給休暇の高い消化率や、離職率の低さなどを積極的にアピールするようになっている。

原因から結果へと文が流れており、わかりにくい文章ではありません。ただ、長い報告書の一部だと、読んでいて単調になる可能性があります。こうしたときに、最後にあるDの文を冒頭に持ってくるのです。

これは、因果関係の順に並んでいた文を、「降順」に組み替えると考えることもできます。つまり、まず結果を示して内容を大づかみさせてから、細かい背景説明に移るというパターンです。

実際にやってみましょう。

（D）同社は今年度から、有給休暇の高い消化率や、離職率の低さなどを積極的にアピールするようになった。（A）居酒屋チェーンでの過労死が報道され、飲食業界は仕事がきついというイメージが広がったためだ。（B）最近の若者は仕事よりもプライベートを大切にする傾向があり、新卒の採用競争では不利になる。（C）このため同社では、学生の先入観を取り払うことを採用戦略の柱に据えた。

一部、言葉を補っていますが、文はほぼそのままで、抑揚がついています。どちらが読みやすいかは、文章全体の長さや構成によって異なります。ただ、文章を読み返したときに、抑揚をつけたい場合は、こうした組み替えを試してみるといいでしょう。

分割のコツ

1文が長すぎて読みにくいときは、「40-60の原則」に従い、2文に分割します。

どこで切ればいいかは文脈で判断します。文をいくつかの「意味の塊」でとらえ、その切れ目で分割するのです。

ただ、「意味の塊」がどこからどこまでなのか、見つけるヒントを知りたい人もいるでしょう。そういう人にとって目印となるのは、①読点、②「が」、③「ので」――の三つです。

まず、文の中盤から後半にかけて読点を打っている箇所を探します。文脈の転換点である可能性が高いからです。ただし、文頭の接続詞や、短めの主語の後の読点は無視して構いません。

当社で実施した全国のエンジニア3千人を対象とした「働き方に関する実態調査」では、持病を抱え月に2度以上、病院に通う人に働き続けられる環境だと思うかを聞いたところ、65%が「そう思わない」と回答したほか、仕事を続けるために必要な取り組み（複数回答）については「在宅勤務の拡大」が48%と最も多かった。

読みにくいですね。1文で145字なので、明らかに長すぎます。「40-60」の原則に従うと、3分割できそうだと見当がつきます。

この文では「、」が4箇所出てきます。このうち、「月に1度以上、病院に通う」の部分は漢字が続くのを避けるための読点なので無視してもいいでしょう。「聞いたところ、65%が」は分割できそうですが、1文が短くなりすぎるので、その他の読点で分割します。

当社は、全国のエンジニア3千人を対象に「働き方に関する実態調査」を実施した。持病を抱え月に2度以上、病院に通う人に働き続けられる環境だと思うかを聞いたところ、65%が「そう思わない」と回答した。仕事を続けるために必要な取り組み（複数回答）については「在宅勤務の拡大」が48%と最も多かった。

これで、すべての文が60文字以内に収まりました。

二つ目の目印は「〜が、」という部分です。ただし、「私が話す」のように主語につく助詞ではなく、「〜だが」「〜ですが」などの方です。こうした「が」の後には、たいてい「、」が入るものなので、①と合わせて判断するといいでしょう。

なぜ「が」で切れるかというと、この助詞の性格に理由があります。文と文をくっつける万能接着剤のようなものなのです。次の二つの文を読み比べてください。

A　当社の広島工場は1985年の稼働以来、時代の最先端を行く家電製品を世に送り出し続けてきたが、今年3月末、より人件費が安い中国への移転に伴い、30年にわたる役割を終えた。

B　当社の広島工場は1985年の稼働以来、時代の最先端を行く家電製品を世に送り出し続けてきたが、今年3月末、その一角で30周年の記念イベントが盛大に執り行われた。

Aの文では、「が」が、「だが」「しかし」といった逆説の意味で使われています。実際、この部分で切って、2文目の冒頭にそうした接続詞を付ければ分割できます。

当社の広島工場は1985年の稼働以来、時代の最先端を行く家電製品を世に送り出し続けてきた。だが、今年3月末、より人件費が安い中国への移転に伴い、30年にわたる役割を終えた。

一方、Bの「が」には逆説の意味がなく、文の後半を前半が補足している形です。分割すると、

当社の広島工場は1985年の稼働以来、時代の最先端を行く家電製品を世に送り出し続けてきた。今年3月末、その一角で30周年の記念イベントが盛大に執り行われた。

問題はA・Bとも「が」まで全く同じ文だということです。後半がAのように逆説でつながっているのか、Bのように前半の情報に補足された本題がくるのかが予測できないのです。こうした文は、読者に「記憶」「予測」の両面で負荷をかけます。前半の内容を「記憶」し、後半を読みながら逆説か補足かを「予測」しなければならないからです。

その点、分割してしまえば2文目の冒頭に「だが」「しかし」といった逆説の接続詞がくるかどうかで、後半の内容が予測できます。つまり、こうした「が」を見つけたら、分割した方が読

者に頭を使わせないのです。
3つ目は、理由を示す「〜ので」です。これも読点とあわせて判断します。

当社の広島工場は1985年の稼働以来、時代の最先端を行く家電製品を世に送り出し続けてきたので、より人件費が安い中国へ生産拠点を移転している今でも例外扱いされている。

分割してみましょう。

当社の広島工場は1985年の稼働以来、時代の最先端を行く家電製品を世に送り出し続けてきた。このため、より人件費が安い中国へ生産拠点を移転している今でも例外扱いされている。

このように、「このため」「したがって」などの接続詞を使い、分割できます。

体言止めは最小限に

長い文を分割するテクニックの一つに、「体言止め」があります。文末を動詞や「〜だ」「〜ます」ではなく、名詞で終える方法です。例えば、首相は会見で、「まずは現行の捜査を見守るべきだ」と主張。「情報が限られる中で、憶測にもとづき断罪すべきではない」などと述べ、野党や市民団体を中心に広がる抗議の動きをけん制した。

この文では1文目の最後を「主張した」とせず、あえて「主張」で終えています。新聞記者はこうした体言止めをよく使うのですが、日経新聞では「できるだけ避けるように」というお達しが何度も出ていました。他社でも同じような扱いになっていると聞いたことがあります。

これは使い勝手が良すぎて、規制しなければ際限なく使われる恐れがある、ということでしょう。文の分割ポイントが見つからない場合や、分けた後で主語や接続詞を修正する方法を思いつかないときには、最も手軽に使える手段なのです。次の文を二つに分けるケースを考えてみてください。

国は東北地方などに設けた特区でモデル事業を始めるため、2018年度予算に約50億円を計上したが、将来は全国各地に広げる方針で、技術やノウハウを持つ複数の県内企業も参入を表明した。

すでに説明したように、「〜が、」という部分があるので、ここで切るのが基本です。

国は東北地方などに設けた特区でモデル事業を始めるため、2018年度予算に約50億円を計上した。将来は全国各地に広げる方針で、技術やノウハウを持つ複数の県内企業も参入を表明した。

もちろん、これでもいいのですが、分割後の文の最後が「計上した」「表明した」と「した」が重なっており、単調になっています。こうした場合、1文目の末尾から「した」を取り、体言止めにします。

国は東北地方などに設けた特区でモデル事業を始めるため、2018年度予算に約50億円を計上。将来は全国各地に広げる方針で、技術やノウハウを持つ複数の県内企業も参入を表明した。

どうでしょう。文章の流れがよくなった感じがするのではないでしょうか。こうしたケースで、体言止めは効果を発揮するのです。

ただ、体言止めが続くと、むしろ違和感のある文章になってしまいます。せいぜい1段落で1回程度に抑えた方が無難です。

第7章

推敲する

読み上げれば難点がわかる

読者がどの部分を読みにくいと感じるかを検証するのは、簡単ではありません。書いた本人が、いったん「第三者」の視点に立って読み返さなければならないからです。やってみるとわかるように、**自分の文章を客観的に観察するのは、なかなか難しい**ものです。

新聞社ならデスクが編集を担当しますが、一般の職場などでは自分で推敲までこなさなくてはなりません。

読者が読んでいてつまずくのは、「難しい言葉」や「知らない知識」が出てきた箇所です。しかし筆者は、それらは常識だと思っているから書いているわけです。文体についてもそうでしょう。筆者と読者の思考回路は同じとはかぎりません。こうしたギャップは、なかなか埋まりません。

そこで、文章を読み返すときには、いったん頭をクールダウンします。文章を書きあげた直後には、書いた内容や順序がはっきり記憶として残っています。執筆で疲れていて、頭が働きにくくなっているケースもあるでしょう。そこで、コーヒーブレイクを挟んだり、時間があるなら一晩置いたりして、頭をリセットするのです。

時間が経てば、自分の文章でも比較的、客観的に読めるようになります。昔から、「ラブレターは一晩おいて読み返してから送れ」と言われます。書いたときの勢いや感情を引きずったままだと、難点を見落としやすくなるのです。

ただし、もう少し手軽に検証する方法がないわけではありません。**声に出して読んでみればいい**のです。

ポイントは黙読するのではなく、声に出して読むことです。小さい声でもいいので、できるだけ早く読んでいきます。

このとき、詰まったり、読み間違えたり、読むスピードが落ちたりする個所がいくつかあるはずです。そこに印をつけながら読み進めます。

もし協力してくれる人がそばにいるなら、初見で読んでもらうのが一番です。

仮に読みにくい文章でも、自分が書いたものであれば、話の筋が頭に入っているので「次はあの文がくるな」と無意識のうちに予測が働いてしまいます。それができない他人であれば、無理のある論理展開をしている個所で必ず詰まってしまうからです。「ここがわかりにくい」と、はっきり指摘できそうもない気弱な人が相手でも、詰まった場所はすぐにわかります。

こうして「読みにくい個所」を抽出できたら、その理由を分析して問題を取り除いていけばいいのです。

不要な言葉を削る

新聞に載る文章は、徹底的に無駄を削ぎ落としています。限られた紙面にできるだけ情報を詰め込むためです。結果として、新聞記事はとても「締まった」印象になります。味気ないということもできますが、実用文ではこうした文体が好まれる傾向があります。

長めに書いた文章を、制限字数内に収める場合も削り作業が必要です。エッセイなどは、制限字数を1～2割オーバーするくらい書いて、推敲の段階で圧縮すると「密度の高い文章」になります。新聞記者も長めの企画記事の場合は、書きたいことをすべて盛り込んだ後で2～3割削るという作業をします。むずかしそうに感じるかもしれませんが、意外に削れる部分は多いものです。

ただ、どこを削ればいいのか、見当がつかない人もいるかもしれません。そういう場合は、次の三つの削り候補を覚えておくといいでしょう。

①ダブり（二重）表現

すぐに思い浮かぶのは「頭痛が痛い」「馬から落馬する」「永久に不滅」などでしょう。これらは一般の人でもすぐに気づくので、ウケ狙いで、あえて使うことがあるほどです。ただ、会話の中にはこうした意味の重複が、意外なほどたくさん紛れ込んでいます。

次の文も、注意していなければ重複に気づかないのではないでしょうか。

こうしたミスは、そのまま事故に直結する。

「そのまま結びつく」ことが「直結」ですから、これもダブりなのです。「こうしたミスは事故に直結する」か「こうしたミスはそのまま事故に結びつく」とした方がすっきりするでしょう。

この例もそうですが、「2文字の漢字熟語＋する」という表現は、しばしば二つの意味を含んでいます。こうした動詞を別の言葉で修飾すると、二重表現になってしまうことがあるのです。こうした表現は、文法的には間違いではありません。ただ、不要な表現であることは事実なので、「字数を減らす」「文章をすっきりさせる」という観点からは削った方がいいでしょう。

同様に、話し言葉ではよく使うものの、漢字で書くと表現の重複が気になってしまう例をあげておきましょう。

今現在、そのような事実は確認されていない。↓「今」と「現在」

画像に不適切な加工を加えた。↓「加工」と「加えた」

文が長すぎるときには分割するのが基本ですが、不要なフレーズを削ると、ちょうどいい長さになることもあります。例えば、次の文は、よく読むと意味の重複があります。

余計なフレーズを削った結果、誤解を招く文になったり、意味が取りにくい文になったりしては本末転倒だが、なくて困らない部分であれば思い切って削った方がすっきりする。

「余計なフレーズ」と「なくて困らない部分」は、表現が違うので見過ごしがちですが、単なる言い換えになっています。どちらかを削っても意味は変わりません。

誤解を招く文になったり、意味が取りにくい文になったりしては本末転倒だが、なくて困らない部分であれば思い切って削った方がすっきりする。

まだ1文が66字と長いので、「なったり」の繰り返しを削りましょう。ちなみに「～たり」という表現は、「～たり、～たり」と重ねて使うのが原則です。しかし、正しい使い方をすると、文が長くなりがちです。

誤解を招く文や、意味が取りにくい文になっては本末転倒だが、なくて困らない部分であれば思い切って削った方がすっきりする。

②わかり切った主語や修飾語

ダブり表現に近いのですが、文脈から判断できるため、なくてもいい主語や修飾語もあります。例えば、次の文を見てください。

彼は志望校を変更し、ハードルの高さを下げた。

「ハードル」には、もともと「高さ」の意味が含まれています。ハードルという比喩で「重さ」や「色」を問題にすることはまずないからです。「ハードルを下げた」で意味は通じるし、その方がスッキリするでしょう。これと似た例に「最後の切り札」という言い方があります。会話ではよく使う言葉ですが、切り札には「最終手段」という意味が含まれています。「最後の」は不要なので削っても問題ないのです。

次の文はどうでしょう。

彼は自らの発言に責任を持つべきだ。

この場合の「発言」は、「自分の」であることが文脈から明らかです。「部下の発言」だと受け取る人はいないでしょう。つまり、「自らの」は不要で、「彼は発言に責任をもつべきだ」で十分なのです。

③接続詞

新米の新聞記者は、「さらに」「したがって」といった接続詞を使わずに文章を書くよう練習します。

単純に「文を短くできる」というメリットもありますが、より重要な理由は接続詞を使わずに書くと、文章の流れを意識するようになるからです。接続詞なしでも違和感なく読める文章は、論理展開が自然で、読み手にとっても流れがスムーズに感じられるのです。
裏返せば、接続詞を削ると文の流れが不自然になる文章は、関連性の低い文や段落を無理やり結びつけている可能性があります。
「接続詞を試しに削ってみる」という作業は、文体をスッキリさせると同時に、文の流れをチェックすることにつながるのです。
次の文を見てみましょう。

日本企業の間では、人手不足を背景に非正規の従業員を正社員に転換する動きが加速している。このため、政府も法制度の整備などを通じ、この流れを後押ししていく方針を打ち出した。

この二つの文は、ルール通り「原因→結果」という因果の流れに沿っているので、「このため、」という接続詞を削っても、違和感なく読むことができます。

日本企業の間では、人手不足を背景に非正規の従業員を正社員に転換する動きが加速している。政府も法制度の整備などを通じ、この流れを後押ししていく方針を打ち出した。

次も同じように、下線部を削った方がスッキリします。

政府高官は、「ミサイルが日本の領空を通過した」と話していたが、情報が入ってからは「上空を通過した」と表現を変えた。つまりこれは、ミサイルが領空より上の宇宙空間を飛行していたことを意味する。

政府高官は、「ミサイルが日本の領空を通過した」と話していたが、情報が入ってからは「上空を通過した」と表現を変えた。これは、ミサイルが領空より上の宇宙空間を飛行していたことを意味する。

同様に、「したがって」「ところで」など、前の文を受けて説明を追加するときに使う接続詞は、削れるケースが少なくありません。

一方、逆説の意味を持つ「だが」や「しかし」は、無理して削る必要はなく、そもそも簡単には削れません。

読点の打ち方

読点の役割を一言で説明すれば、文の区切りをはっきりさせて読みやすくすることです。

ここで思い出してほしいのが、「文は40字以内、長くても60字以内で書く」という原則です。

これは、裏返すと「40字を超えると文は読みにくくなってくる」ということを表しています。主語と述語、修飾語と被修飾語の位置が離れたり、関係が複雑になったりするからです。

長い文は分割すればいいのですが、どうしても1文で書かなければならないケースが出てきます。そういうとき、語句の関係や区切りを読者に伝えるために読点を打つのです。

言い換えれば、**「40字を超える文では、少なくとも一つは読点を打った方がいい」**ということになります。実際、新聞の文を調べてみると、おおむね40~45字に一つの頻度で読点が打たれています。

次に問題になるのは、「どこに打つか」です。まず、①文頭の接続詞の後、②ひらがなや漢字が続いている箇所——は、1文の長さとは関係なく読点を打ちます。

①文頭の接続詞の後

A）したがって、本来は両者が入れ替わることはないのである。

B）しかし、このことが後に大問題になった。

C）一方、売れ筋商品の値上げについては見送った。

②漢字やひらがなが続いている箇所

A）安心してしまったようで、すやすや寝息を立て始めた。

B）この新薬には高い効果が期待できる反面、重大な副作用もある。

C）その週末、世界をあっと驚かせる事件が起きた。

それ以外については、原則として「声を出して読んだとき、言葉を区切る場所」に入れます。実際にやってみるとわかりますが、次の文を区切らずに読み上げるのは困難です。

　年金の支給開始年齢をめぐっては財源の問題から遅らせるべきだとの意見があるものの高齢者の反発が根強く実行は難しい。

音読すると、どうしても一、二箇所で一瞬の間を入れてしまうはずです。ここが読点を入れるべき箇所になります。

　年金の支給開始年齢をめぐっては、財源の問題から遅らせるべきだとの意見があるものの、高齢者の反発が根強く実行は難しい。

ただし、この文は56字もあるので、二つ目の読点で2文に分けた方がいいかもしれません。

　年金の支給開始年齢をめぐっては、財源の問題から遅らせるべきだとの意見がある。しかし、高齢者の反発が根強く実行は難しい。

すでに説明したように、読点がある箇所は文を分割するときの目印にもなるわけです。

語句の説明書き

先に、幅広い読者を想定した文章は、なるべく日常で使う言葉で書いた方がいいと説明しました。ただ、専門用語や略語を使わざるを得ないケースも出てきます。そうした場合、一般の人でもわかるよう、説明を加える必要があります。

新聞では、①枕詞、②カッコ書き、③とはもの――の三つの方法を使います。

①枕詞

新聞では、特定の専門用語に統一した説明書きを付けることがあります。例えば、企業の決算記事に出てくる「営業利益」という言葉は、「本業のもうけを示す」という決まり文句で修飾します。こうした専門用語につける説明書きを、日経では和歌になぞらえて「枕詞」と呼んでいました。

新聞などのニュース記事で使われている枕詞の例をあげておきましょう。

動画投稿サイトの「ユーチューブ」
地震の規模を示すマグニチュード
生活実感に近い名目GDP

②カッコ書き

難しい言葉のあとに（　）で説明をつける方法です。外来語のカタカナ表記の後に日本語で意味を説明するときによく使われます。初出で正式名称を書き、その後に（　）で略語を表記することもあります。

インセンティブ（誘因）
スマートフォン（スマホ）
米連邦捜査局（FBI）

③とはもの

①の枕詞や②のカッコ書きは、文中で短い説明を付けるのには適していますが、一言で説明しきれない用語もあります。言葉の説明に1段落を割くなどの方法もありますが、文章の流れが悪くなりかねません。

こうした場合、新聞では本文とは切り離して用語説明を付けます。これを、「〜とは」と説明するという意味で「とはもの」と呼びます。レポートや論文などでは「注釈」「脚注」に相当するものです。例を挙げておきましょう。

【EPA】経済連携協定。Economic Partnership Agreementの略。主に2国間で、貿易や投資

の自由化に加え、技術や人材の交流拡大を促すルールを定める。貿易に関するルールを定める自由貿易協定（ＦＴＡ）に比べ、幅広い分野が対象になる。

なお、文章を見直す際には新聞社や通信社が発行する「用字用語集」を手元に置いておくと作業がはかどります。送り仮名のルールや法律の略称（「特定非営利活動促進法」を「ＮＰＯ法」と略すなど）、間違えやすい表現（「愛想を振りまく」は「愛嬌を振りまく」「愛想がいい」とするなど）が網羅されており、たいへん便利です。文章を書く機会が多い人は一冊持っておくことをお勧めします。

本書の巻末に、文章を書き終えてから見直すべきポイントをまとめた「チェックリスト」を収録しました。慣れないうちはこのリストを活用して推敲作業をすると効率的でしょう。

第8章

説得力を高める

写真をつける

文章に写真をつける最大の目的は、伝わりにくい部分を「絵」で補うことです。イメージを具体的に見せることで、読者の頭の負担を軽減するわけです。

二つ目の役割は、「読者の視線の誘導」です。アイキャッチ画像などと呼ばれ、ネットメディアではとくに重視されます。人間の目は、文字よりも写真に引き付けられます。記事を目立たせるには、印象的な写真を添えることが重要になるのです。

三つ目は、証拠としての役割です。例えば、インタビュー記事では対象者が取材を受けている写真を添えるのが一般的です。インタビューに応えているのがどんな人かを伝える「本文の補足」の役割も果たしますが、記者がその人に会ったことを証明する意味もあります。自然科学の学術論文で、実験結果の写真を載せるのも同じです。結果をわかりやすくするのと同時に、実験をしたことを証明し、第三者が検証できるようにするのです。

こうした目的で写真を添付する際には、わかりやすさが求められます。言い換えると、本文と同じで、**写真にも5W1Hが必要**なのです。つまり、撮った場所（where）や時間（when）、動いている人や物（who）、動きの内容（what, how）や理由（why）などが、一見してわかるのがいい写真なのです。

新聞では、写真に「人の身体の一部」を入れた方がいいとされています。新製品の説明写真であれば、机の上などに置いた状態ではなく、操作している人の手元や、表情が映り込むアングルで撮るのです。こうすることで、「誰が、何を、どのように使うか」という要素を盛り込むことができます。手などが写り込んでいれば、遠近感やスケール感も伝わります。

最近は一般の人でもスマホで写真を撮る機会が増えました。機材も進化しており、インスタグラムなどのSNSを見ていると、プロ顔負けの写真も少なくありません。

しかし、文章に添える写真となると、普段と勝手が違うので戸惑う人もいるでしょう。「5W1Hを盛り込む」「身体の一部を入れる」と頭ではわかっていても、いざ現場に行くと狙った被写体にカメラを向けてシャッターを切るので精一杯、という人が多いのではないでしょうか。

こうした**「ぶっつけ本番」を避けるには、取材に行く前に「絵コンテ」を描くことをお勧めします**。どんな構図にすればいいか、前もって検討しておくのです。

まず、画角を紙に描きます。縦長か横長か、カメラの縦横比（アスペクト比）はどうなっているかなどを調べ、長方形や正方形の枠を描くのです。

これを何枚か用意し、ラフなスケッチをします。「食事の風景」を撮るのなら、テーブルの上の皿の配置や、人がどのような形で写り込むかを描いていきます。被写体の位置関係が分かりさえすればいいので、丁寧に描く必要はありません。

コツは、異なる構図をできるだけ多く描くということです。

取材の初心者にありがちな失敗は、同じような構図の写真をたくさん撮ってしまうことです。撮り始めると夢中になってしまい、「いいな」と思う構図があると、他を試すことを忘れてしまうのです。

イメージ図を描く

新聞を読んでいると、記事に組織図や手続きのフローチャートなどを描いた絵入りの図が付いていることがあります。いわゆる「イメージ図」「ポンチ絵」です。文章による説明だけでは複雑で分かりにくい情報も、絵で示すと一目で理解できることがあるからです。

絵で説明するとわかりやすくなる情報は、「流れ」と「関係」です。裏返すと、物事の流れや関係を文章で表現するのは難しいのです。正確に書こうとすると長くなってしまいますし、長くなると読者は直感的に理解するのが難しくなります。そこで、こうした部分だけを抜き出して図に示し、本文と合わせて見てもらうことで理解を助けるのです。

絵で流れや関係を示すのに便利なのが矢印です。手元に紙の新聞があれば、紙面に出ているポンチ絵をざっと眺めて見てください。ほとんどの絵に、矢印が含まれているはずです。

「A→B」という表現は、「AがBに影響を与える」「原因Aが結果Bにつながる」という「関係」や、「Aの後にBをする」という「順序」を表します。スケルトンを作る段階で、このような形で表現できる内容があれば、先にポンチ絵を作っておくと本文を執筆するのが楽になります。文章で表現しなくても、「図のように」などと書けば、細かい説明を省略できるからです。

ポンチ絵は、清書してくれる人がいる場合や、イラストを描くのが上手な人はペンなどで手描きします。ただ、最近は「パワーポイント」や「エクセル」のイラスト機能を使って、そのまま原稿に添付できるポンチ絵を作れるようになりました。

本書にもいくつかポンチ絵があるので、参考にしてください（43、56、86ページなど）。

データで伝えるのは「大きさ」と「変化」

文章に説得力を持たせるうえで、「数字」は欠かせない要素です。しかし、多くの人にとって、その意味を理解するのが面倒な情報でもあります。皆さんも、数字がたくさん出てくる文章にうんざりした経験があるのではないでしょうか。

これは、脳の働きからいえば「数字が何を示唆しているのか」を予測するという負荷がかかるということです。数字は使い方を誤れば、文章をわかりやすくするどころか、読みにくい印象を与える原因になってしまうのです。

この負担を軽くするには、「比べる」という工夫が大事になります。**数字を使うのは、読者に「大きさ」か「変化」、もしくはその両方を伝えるため**です。それを理解するには、判断の基準が必要になります。

例えば、ある国の姿について説明するため、「ＧＤＰ（国内総生産）は１・２兆ドルだ」と書いたとしましょう。経済規模の「大きさ」を表すときに使われる定番のデータです。

しかし、これだけでは意味のない情報になってしまう可能性があります。経済についての基本データが頭に入っていない読者には、「それが大きいのか、小さいのか」という具体的なイメージがわかないからです。

この場合は、比べる対象として「日本のＧＤＰ」を選びます。読者にもイメージがわきやすいからです。ただし、日本のＧＤＰを単に「約５００兆円」と書いてしまうと、読者はそれを頭の中でドル換算しなければなりません。そこで、「日本のＧＤＰの4分の1程度」などとすると、わかりやすくなります。いつの時点の数字と比べるかも重要です。基準はできるだけ揃える必要があるのです。

このように、読者が頭の中でしなければならない作業を、筆者が代わりに済ませることで、文はわかりやすくなります。データの扱いに限らず、こうした「読者の代わりに整理すること」こそが、文章の付加価値を生むのです。

グラフをつける

数字を盛り込むと文章の説得力が高まりますが、すでに述べたようにデメリットもあります。抽象的な情報なので、イメージが湧きにくいのです。これも頭に負荷をかけて「読みづらい」と思わせる要因でした。

そこで、数字を具体的な形で示し、読者が「予測」「イメージ」する手間を省きます。これがグラフ化です。

ポイントになるのは、数字と同じく「大きさ」と「変化」をわかりやすく示すことです。「比べる」というテクニックを使う点も共通します。

まず、手元のデータをどの形のグラフで表現するかを考えます。一般には、次のような基準で選択するといいでしょう。

〈変化〉
指数など抽象的な数字の変化＝折れ線グラフ
量など単位がある具体的な数字の変化＝棒グラフ

〈大きさ〉
複数の項目の比較＝棒グラフ

〈比率〉
合計すると１００％になるデータ＝円グラフ

グラフの描き方は、学術論文など「厳密さ」を重視するケースと、新聞記事など「わかりやすさ」を重視するケースとで異なります。

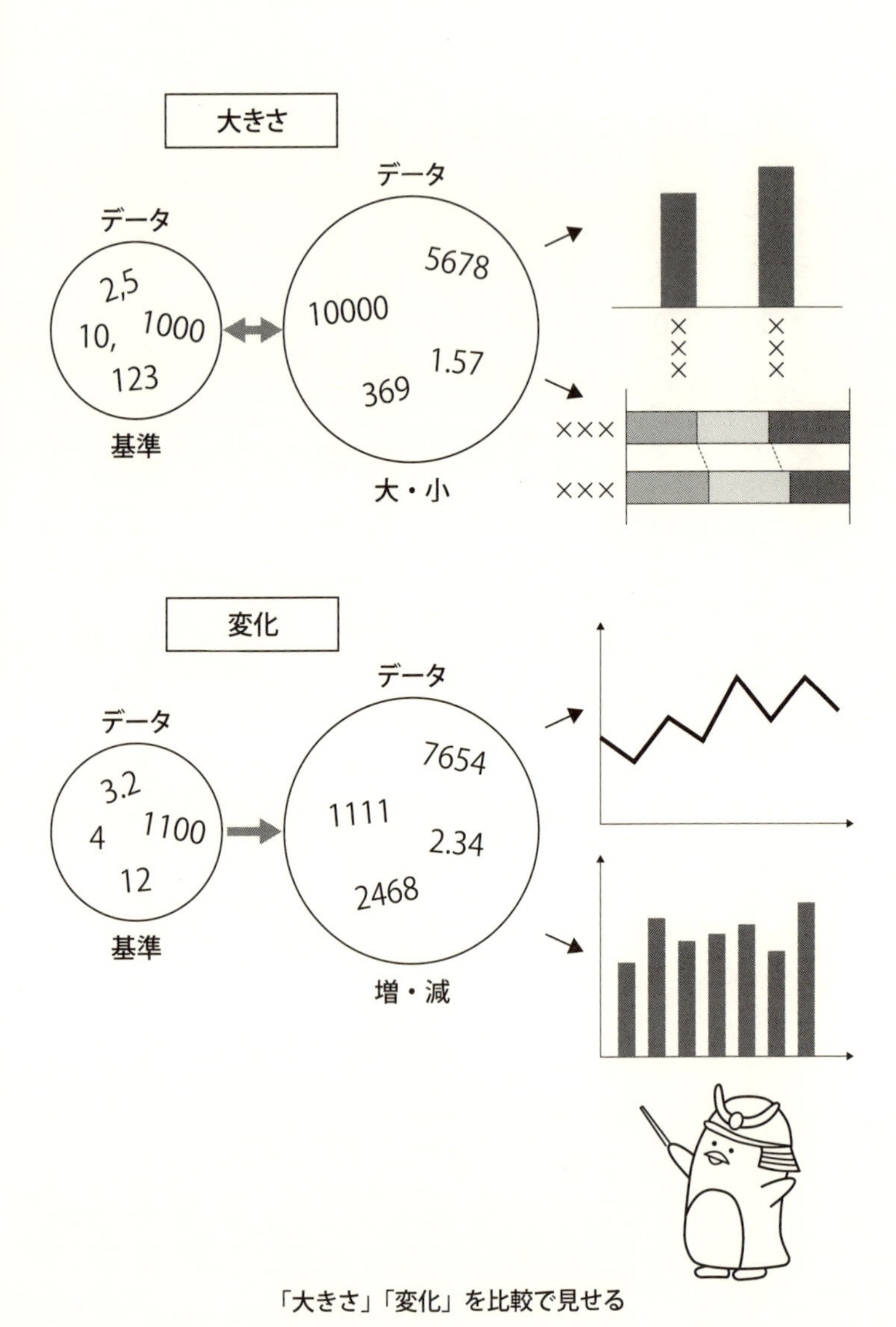

「大きさ」「変化」を比較で見せる

表をつける

表は、事例や要素などを一覧できるようにする目的で用います。事例が多すぎて本文で紹介しきれないときなどに、代表的なものだけ本文で紹介し、他は表で示すといった使い方もできます。注意しなければならないのは、事例を紹介するケースです。文章と違い構成を考える必要があまりないので、つい情報を過剰に詰め込んでしまうのです。

もちろん、表が詳しければ詳しいほど読者にとって有用なこともあります。例えば、カタログにつける商品の性能や機能についての表は、なるべく情報量が多い方が便利かもしれません。ただ、表の役割は単に情報を提供するだけではありません。あくまでも本文と一緒に読んでもらい、読者の理解を助けることです。雑多な情報が整理され、一目見て全体像がわかることこそが重要なのです。

このため、**表に盛り込む情報は「取捨選択」と「分類」がポイント**になります。

ビジネスの世界では、「パレートの法則」が知られています。「80：20の法則」などとも呼ばれ、「全体の8割を2割が代表している」という経験則です。例えば、「全従業員の2割が、会社の売上の8割を生み出している」とか、「商品のラインナップのうち2割が、売上全体の8割を占めている」といった現象を指します。

表を作る際も、この「2割」に当たる、最も重要な項目や事例に絞って紹介するとわかりやすくなります。例外的な事例や、それほど重要ではない項目は省く方がいいのです。

もう一つが「分類」です。同じ要素を持つ情報をまとめ、他と比較できるように並べると、表の価値は上がります。ただ、これも「取捨選択」と同じで、細かく分類すれば便利になるというものではありません。読者のニーズに合わせ、「わかりやすさ」と「詳しさ」のバランスをとる必要があるのです。

具体的には、説明文につける表では**分類や事例の数を「3～5」に絞った方がいい**でしょう。これは、一覧しやすいと同時に、物事をざっくり理解するのにちょうどいい数だからです。

具体例やたとえ話を入れる

一般的な説明をしても、相手にイメージが伝わらないことがあります。こうした不安があるときは、具体例を示して補足します。

例えば、「台風による被害が発生した」とあるだけでは、「大変なことが起きたのだな」ということはわかっても、それが強風によるものなのか、大雨によるものなのかなどはわかりません。そこで、被害の具体例を挙げることで、読者に何が起きているかを伝えるのです。


この台風により、土砂崩れや床下浸水による被害が発生した。

と書けば、大雨による被害が中心だったということが伝わるでしょう。

エッセイなどでは、動物の種類などを表す言葉を、より具体的な名称に替えると、イメージが鮮明になることがあります。「鳥の声が聞こえた」よりも「小鳥の声が聞こえた」の方が具体的です。さらに、「ヒバリのさえずりが聞こえた」とすれば、「春」や「草原」といった、ヒバリ自体が持つイメージも加えることができます。

抽象的な単語を使う場合も、「～などの＊＊」「～といった＊＊」と、代表例を挙げると、その単語にあまり馴染みのない読者にも意味が伝わります。これは、幅広い読者に向けた文章で専門用語を使うときには重要で、新聞の記事を観察すると、たくさん使われていることに気づくはずです。

一方、わかりにくい話を噛み砕いて伝えたいときに便利なのが「たとえ話」です。これは具体例を示すのに比べて活用するのは難しいのですが、使いこなせれば便利な技です。

最もよく使うのは、慣用句のように一般化したものです。「コップのフチまで水が溜まっているような状態だ」や「家のドアの鍵を閉めずに寝ているようなものだ」といった表現は、何度も目にしたことがあるでしょう。こうした比喩を考えつくことができれば、抽象的な説明がイメージしやすくなることがあります。

より高度な技は、「物語」のようなたとえ話で説明することです。

これは、説明したい状況を、単純化した別の話に置き換えて説明します。難しい言葉でいえば、モデル化するのです。

あなたが、曲がりくねった急な山道を車で降っている途中、急にブレーキが効かなくなったとしましょう。前方の避けられない場所に人が飛び出てきた場合、どうするでしょう。スピードが出ているので、ハンドルを切って人を避けると谷底に落ちてしまいます。直進すれば自分は助かりますが、前の人をひくことになります。

これは、自動運転車と倫理の問題を説明する際に、よく持ち出されるたとえ話です。**ポイントは、いくつかの仮定を置くことで、物事を単純化していること**です。車の例でいえば、運転手（あなた）の選択肢は二つだけに絞られています。そのことで、この状況が持つ本質を理解しやすくなるのです。

もう一つの利点は、このお話を進めていくと、物事の問題点が明らかになっていくことです。まず、ハンドルを切って自分が谷底に落ちるケースについて結果を考え、次に直進して人をひいてしまうケースについて検討することになります。それぞれで、自分にとってのメリット・デメリットや、「誰が責任を追うべきなのか」という問題が明らかになるのです。

描写は「絵に描ける」ように

わかりやすい文章を読むと、書かれている状況や光景が、考えなくても自然に浮かんできます。そうした文章にするには、読み手の想像力に負荷をかけないよう、具体的に描写することがポイントになります。

ところが、**書き慣れてない人は、形容詞やキーワードで説明しただけで安心してしまいがちです。**

例えば、「私は面白い人間です」という自己紹介を聞いたら、どう思うでしょうか。おそらく、その人を面白い人だとは思わないでしょう。本当に面白い人は、「面白い人間だ」と言葉で説明する前に、実際に面白いことを言うはずだからです。「私は面白い人間だ」という説明は、ちっとも面白くないのです。

文章を書くときもこれと同じです。修飾語で説明していることが、具体的にどういうことを指すのかを書いて初めて、相手にイメージが伝わります。

「彼はイケメンだった」と書くと、何かを説明した気分になりがちですが、読者には「彼」の具体的なイメージは伝わりません。同じイケメン男性でも、俳優の福山雅治さんと嵐の櫻井翔さんでは、タイプも年齢もまったく違うからです。「福山雅治似のイケメン」だとか、「色が浅黒く、週末は妻とテニスに通っていそうなタイプのイケメン」などと、少しでも具体性を持たせる必要があるのです。

実際の作業としては、自分の文章を読んで、その情報だけで絵を描けるか考えてみるといいでしょう。

「彼はイケメンだった」という情報からは、せいぜい「男性の絵」しか描けません。しかし、「長髪の」とか「年齢は30代で」といった情報が加わると、絵は具体性を増します。読者が誰でも知っているようなタレントに似ているなら、そう書いた方がわかりやすいのです。**どう書けばいいか迷ったら、簡単な絵を描いてみればいい**のです。読者に絵自体を見てもらうわけではないので、簡単なスケッチで十分です。書き込む要素や位置関係などを絵にしてしまえば、それを文で表現するのは難しくありません。複数の文で説明するなら、「まず大括りに描写して細部に移っていく」という降順で書いていけばいいのです。

これは、状況や構造といった抽象的な説明をするときも同じです。説明したい組織図や人間関係などを簡単な絵にしてから書くと、頭の中が整理できて作業が効率化します。

第9章

トレーニング編

説明力は「お絵描きゲーム」で

ここまで執筆のノウハウを書いてきました。読んだだけで活用できるものもありますが、一定の練習を積まないと身につかない技術もあります。この章では、文章術に磨きをかけたい人のためのトレーニング方法について解説しましょう。

文章による説明力をつける手軽な練習法に「お絵描きゲーム」があります。

まず、適当な写真を用意し、何が写っているかを文章で説明します。次に、誰かにそれを読んで、どんな写真だったか予想して絵に描いてもらうのです。元の写真がうまく再現できていれば、相手に正確な情報を伝えることができたことになります。

例えば、次のページの写真を描いてもらうなら、どう説明すればいいでしょう。試しに、10分以内に文章で書いてみてください。

どうでしょう。意外に難しいのではないでしょうか。

簡単だったと感じても、伝わる文章が書けているかどうかは別問題です。周囲の誰かに説明文だけ読んで、ざっくりとした再現画を描いてもらってください。自分ではわかりやすいと思っていても、予想外の絵が返ってくるかもしれません。

このゲームのポイントは、どれだけ読み手の立場に立って文章を書けるかです。具体的には、次の3点を意識する必要があります。

①伝える情報を取捨選択する
②解釈の幅が小さい表現を選ぶ
③頭に入りやすい順序で説明する

まず、文章の目的をはっきりさせる必要があります。今回は「写真を絵で再現してもらう」ことです。誰にデッサンをお願いするかも考える必要があるでしょう。プロのイラストレーターに頼む場合と、家族や友人に頼む場合では、盛り込む情報の質や量も変わってくるからです。

ここでは、絵を描く能力が平均的な人に、ボールペンで描いてもらうケースを考えましょう。絵にするのが難しい細部や、色合いまで描写する必要はないわけです。そこで、文章に盛り込む情報も、「相手が書ける範囲」に絞り込みます。具体的には、ノートやメモ帳に、写真をスケッチするといいでしょう。相手に描いてほしい絵を、自分で描いてみるのです。

これは、メモの取り方の項でも説明した、「情報の

優先順位をつける」作業です。絵にしていない部分は優先順位が低いので捨てるわけです。

単純な構図の写真であっても、盛り込まれている情報量は膨大です。この写真を「精密に」再現してもらうなら、写真を構成するドット（点）を座標軸で表さなければならないでしょう。縦と横の位置を示す（24334, 32445）（34728, 5356）（93054, 39540）……といった数字を伝え、相手もそれを方眼紙などに忠実に記入する必要があるわけです。もちろん、今回の目的からすると、これは非現実的です。

そこで、**単純な線画に変換することにより、文章で説明しなければならない部分を明確にします。**例えば2羽のウサギの耳がどうなっているか、顔はどちらを向いているか、といった情報だけ伝えればいいのだと、わかるのです。

実際に他人に読んで絵にしてもらうと、自分の文章の弱点が見えてきます。相手にとって、どこが伝わりにくかったかがわかるのです。例えば、上の図のような絵が返ってきたとしましょう。

元の写真とはかけ離れています。

さて、なぜこんな絵になってしまったのでしょう。説明文を読んでみましょう。


耳を立てたウサギが後ろを向いて座っている。そのすぐ右に、もう1羽、耳を寝かせたウサギがいる。そちらのウサギは犬の「伏せ」のような格好をして、左を向いている。


元の写真を見ながらこの説明文を読めば、とくに違和感はないでしょう。しかし、文章だけ読んだ人にとっては、不親切な部分がいくつかあるのです。

例えば、「右」「左」という表現です。これだけでは、「観察者から見て」なのか、「ウサギから見て」なのかがわかりません。絵を描いた人はウサギ側の視点だと解釈してしまったわけです。「後ろを向いて座っている」も不親切です。「こちらから見ると背中を見せて」というつもりだったのでしょうが、解釈に幅が出てくるので、元の構図とまったく違う絵になってしまいました。

頭に入りやすい順序で説明することも大切です。この文章は短いので問題になりませんが、長く複雑な説明文では、個々の文の表現だけでなく、情報の並べ方も重要です。雑だと、相手に伝わりにくくなるのです。

この例では「ウサギが2羽、写っている」ということは文章を読み終わるまでわかりません。描き手が文を読んだ順に絵にしていた場合、描き直さなければならなくなる可能性もあるでしょう。それは、絵を描かず、頭の中でイメージする場合も同じです。

「ウサギが2羽写っている」「画面の中央で寄り添っている」といった、全体像を表す文を最初に入れておくべきでしょう。そうすると、読み手はぼんやりとした全体像をイメージしてから、細部にピントをあわせていくように状況を理解できます。

「全体→細部」という流れは、私たちが突然現れた風景を見るときと同じです。文章も同じような流れにすると、頭に入りやすくなるのです。

では、どんなふうに説明すれば伝わりやすかったのでしょう。５Ｗ１Ｈを使った「リード」の手法で写真を描写してみましょう。

まず、メモにデッサンした線画をもとに、５Ｗ１Ｈを書き出します。ただし、ここではwhenとwhyは絵からはわからないので省略します。

Who＝ウサギが2羽
Where＝平らな砂地
What＝寄り添っている
How1＝奥の1羽は耳を立て、背中を見せて向こうを見ており、こちらから顔は見えない
How2＝手前の1羽は、体の左側をこちらに向けて、腹ばいになっている

耳の様子など細かい点を補うと、次のように書けます。

ウサギが2羽、平らな砂地で寄り添っている。奥の1羽は少しだけ身を起こし、耳を立てて向こうを見ている。背中とおしり、後頭部は見えるが、こちらから顔は見えない。手前の1羽は、体の左側をこちらに向けて、腹ばいになっている。耳は寝かせており、自分の背中についている。顔の右側は奥のウサギの腰のあたりにほぼ接している。目は開いているが、少し眠そうに見える。

こうした練習を繰り返すことには、三つの効果があります。まず、**「自分にはわかっていても、相手にはわかっていないことがある」という事実の意識化**です。私たちは、「自分が知っていることは、相手にもわかる」と錯覚しがちです。しかし、文章を書くときには「相手はどこまで知っているのか」を考える必要があるのです。

二つ目は、表現力の向上です。「相手が知らないことをどう伝えるか」を意識すると、言葉の選び方や説明の仕方を工夫するようになります。すると、これまで「かわいい」「面白い」など、一言で済ませていた描写が、より豊かになってくるはずです。

最後は、「伝えるべき情報を絞り込み、思考の流れに沿った順で説明する」という基本動作の習得です。これは、ある程度、繰り返さなければ身につきません。ただし、「メモを取り、5W1Hを抽出して並べる」という作業を繰り返せば、そのうちメモをとらなくても無意識にできるようになります。この段階までくれば、文章力だけでなく、口頭で何かを説明する能力も上がっているはずです。

記者会見を速報記事にする

ニュース記事の冒頭に付けるリードの執筆は、実用文の訓練に最適です。**情報から5W1Hを抽出して文に変換し、一定の順序で並べることは、執筆の基本動作**だからです。これが無意識のうちにできるレベルになれば、長い文章を書くときにも困ることはありません。

ただ、日常の生活や業務の中で、こうした原稿を書く機会はほとんどありません。その場合は、「記者会見の内容を速報形式の原稿にする」という練習をするといいでしょう。

新聞社やテレビ局がネットに流す速報記事はリードが主体です。短ければ150字以内、長くてもリードと1～2段落で300字くらいです。それほど時間をかけずに、繰り返し練習ができるのです。

最近は、首相や都道府県知事の定例会見はネットで公開されます。こうした動画を使えば、実際に会見に足を運ばなくても「取材」することができます。それを原稿にすればいいのです。

練習に使える動画は、ネットで視聴でき、内容がプロによって記事化されたものです。最も手軽なのは、首相官邸のホームページにある首相や官房長官の会見動画でしょう。長さも多くは10分前後で教材として使い勝手がいいのです。これらの会見は、ほとんどの場合、ネット速報が流れます。最近の会見であれば、ネットを検索すると複数のメディアが流した記事が読めるはずです。

練習の方法は簡単です。記者会見の動画を見て、あらかじめ設定した制限時間内に原稿を書きます。完成したら、ネットに流れたプロの記事と読み比べます。抜けていた情報や、もっと工夫できた部分がなかったか、確認するのです。

ポイントは、記者と同じように「締め切り時間」を設定したうえで原稿を書くということです。例えば、官房長官の記者会見なら、一般に10分から15分程度の長さです。実際に会見が終わってネットに記事が出るのは、1時間後でしょう。ただし、記者にとっての締め切りは「会見終了の1時間後」ではありません。デスクが目を通して修正したり、書き直しを命じたりする時間が必要だからです。こうした作業を考えると、10分間の会見が終わって、遅くとも30分以内にはリードを完成させなければなりません。

これに合わせ、会見時間の3~4倍を執筆時間に当てられるよう、締め切りを設定します。例えば、10分の会見の場合、終わって30~40分後には原稿を完成させるのです。制限字数も決めておきます。150~200字の間にすれば実際のネット速報のスペックになります。

この締め切り時間は、実際にやってみると印象より短く感じるはずです。会見が終わってからも、メモがとれなかった部分を聞き返したり、自分が知らなかった言葉の意味を調べたりする時間も必要だからです。会見が終わってから文章の構成を考え始めたのでは間に合いません。

そこで、**会見を視聴し、メモをとる段階で、原稿の書き方まで考えておく**必要があります。とくに重要なことは、出てきた情報に優先順位をつけ、会見が終わるまでにはどこを記事にするのか、取捨選択を済ませておくことです。

10分間の官房長官会見でも、10人前後の記者が質問します。答えも10程度はあるということです。ところが、実際に書けるのは長くても２００字。取り上げることができるテーマは、一つか二つでしょう。

会見が終わったら、最も重要な部分を「(仮) 見出し」にします。見出しは15～25字を目安にします。この作業は、「何が最も重要か」「ニュースの本質は何か」を考えることでもあります。

この練習では、新聞と同じように「内容の要約」になるように付けてください。「官房長官、野党の指摘に反論」とか、「予算削減を示唆。官房長官」などといった見出しになると思います。

見出しを決めたら、それを念頭に置き、リードを書きます。基本的には「who→when→where→what→how→why」という順に、要素を並べ替えて文にするのです。この練習では取材メモがスケルトン代わりになります。メモの取り方の項で説明したように、５Ｗ１Ｈの要素ごとにメモを取っておけば、原稿を書きやすくなります。

原稿ができたら、ネットでその記者会見を報じた速報をいくつか読み、自分の書いたものとどこが違うか比べてください。

どの部分を見出しにとったのかは、ニュース価値の判断と密接に関わっています。複数の主要メディアが似た見出しを立てていて、自分だけ違っていたとしましょう。この場合は、ニュース価値の判断がプロとは違っていたことを意味します。原因を考えてみるといいでしょう。

文章の構成についても自分とプロの書いたものを比べてみてください。５Ｗ１Ｈを並べる順番がどうなっているのかを分析します。記者の原稿は、基本的には逆三角形になっています。リード文、第1段落、第2段落という構成になっていた場合は、それぞれの段落に含まれているファクトは重要なものから順に並んでいるはずです。そこを見れば、記者が優先順位をどうつけたかがわかるわけです。

そうした判断のすべてについて、「プロが正しい」とはかぎりません。メディアによって判断が異なることも多いでしょう。ただ、そうした比較をすることで、自分自身の「ニュース価値の判断基準」が磨かれていくと思います。

こうした訓練を繰り返すと、取材をしながら原稿の構成を頭の中で思い描くという基本動作が身につきます。テニスや野球の素振りなどと同じで、あまり面白い作業ではないかもしませんが、ジャーナリストやライターを目指す人は、繰り返しやってみる価値がある訓練だと思います。

積極的に添削を受ける

自分の文章を添削してもらいたがる人は、あまりいません。ほとんどの人にとって、自分が書いた文章を他人に直されることは苦痛だからです。しかし、**文章修行で他人の添削ほど身になることはありません。**

普通の人に自分の文章の感想を聞いても、役に立つ答えはあまり返ってきません。「面白かった」「難しかった」といった漠然としたことは言ってくれるかもしれませんが、「この箇所は読みにくい」「この言葉遣いには違和感がある」といったフィードバックは期待できないのです。

添削を受けると、こうした自分では気づきにくい問題点を指摘してもらえます。独学で文章修行をするより、ずっと早く「読みやすい文章の書き方」が身につくのです。

それにもかかわらず、添削を避けてしまうのは、文章を直されるときの心理が関係しています。ビジネスパーソンであれば、上司に提出した企画書や稟議書が、添削の赤字だらけで突き返されて怒りや屈辱を感じた経験があるのではないでしょうか。

それは、ゴルフを習っていて球を打つフォームを修正されたとか、英作文の答案に修正すべき点を書き込まれたといったときとは全く違う気分だと思います。

なぜでしょう。おそらく**文章というのは、私たちにとって「自分の思考」そのもののように感じられる**からでしょう。たとえビジネス文書であっても、私たちは言葉で考えたことを文字に置き換えています。そうしてできあがった文章を修正されると、あたかも自分の考え方や人格を否定されたかのような錯覚に陥るのです。

もし実用文に習熟したければ、とにかくたくさんの人に添削してもらう経験を積むことです。その際、文を直されたり不備を指摘されたりするたびにストレスを感じていると添削を避けるようになってしまいます。そこで、「自分の書いた文章は自分の人格ではない」ということを何度も自分に言い聞かせて意識化します。添削者自身が、文章と書き手の人格を混同している場合でも、「第三の目」で文章が直される様子を眺められるように訓練するのです。

「人は自分の文章を修正されることに抵抗を感じるものだ」という事実は、他人の文章を添削するときにも気をつけておくべき点です。相手が添削を人格攻撃だと受け取る可能性があるからです。最初に、「あなたの書いた文章はあなたの人格とは切り離して考えてくれ」ということを伝えるべきでしょう。欠点や間違いを指摘する際も、自分自身が書き手の人格自体を否定してしまわないように気をつける必要があるのです。

文章構成の練習法

すでに説明したように、文章を迷わず書くにはスケルトン作りに力を入れる必要があります。文章術というと「表現」ばかりに光が当たりがちですが、実用文については「構成」が最も重要だからです。

しかし、記者のように毎日文章を書く仕事にでも就かないかぎり、文章構成を考える機会はなかなかないものです。そういう場合は、**「執筆」と「構成」を切り離し、後者だけを繰り返し練習すると短い期間で感覚をつかむことができます。**小論文や作文の試験を控えている人などに向いたトレーニング方法といえるでしょう。

具体的には、「お題」を決めてスケルトンを作ります。それを文章にする必要はありません。お題は自分がよく書く分野で設定するといいでしょう。思いつかない場合は、大学入試やマスコミの作文試験でよく出される「キーワード作文」にします。年末に発表される「今年の漢字」や「新語・流行語大賞」などで選ばれた字や言葉を題材に、エッセイや小論文の構成を考えるのです。

学校の同級生や会社の同僚がしていた話を元に、文章のスケルトンを作る方法もあります。本人がインタビュー取材で語ったという想定で記事の構成を考えるのです。話の中で面白かった部分を「起承転結」のどこに置くかや、情報をどの順序で並べれば読者が理解しやすいかを考える訓練になります。

この章で紹介した記者会見の記事化にも応用できます。動画を視聴してメモを取り、情報を取捨選択して優先順位をつけ、仮見出しを立てるところまでを繰り返すのです。文章化までする場合と比べ数をこなすことができます。

その際、重要なのは「手を動かすこと」です。紙やワープロで実際にスケルトンを書き、段落の順番を入れ替えたり、盛り込む情報を絞り込んだりする作業を繰り返すことで、「三部構成」や「起承転結」といった文章構造が思考回路に組み込まれていくのです。

こうした作業に習熟してきたら、逆に新聞記事をスケルトンに分解して構成を分析すると勉強になるでしょう。本書では基本的な4パターンを紹介しましたが、実際にはそこから派生した様々なタイプの構成が使われています。記事を読んでいて「面白い」「わかりやすい」「説得力がある」などと感じたら、段落ごとに内容を箇条書きにして、それぞれが文章全体の中でどのような役割を果たしているか分析してみてください。

うまい構成だと思えば、自分が文章を書くときの雛形にすることもできます。文章を断りなく流用すれば剽窃になってしまいますが、構成を真似ても問題にはならないのです。

スケルトンの雛形は、慶應義塾大学出版会のホームページからダウンロードできます（スマートホンを使うと、巻末のＱＲコードからサポートページに飛ぶことができます）。慣れないうちはこれを印刷し、書き込んで練習するといいでしょう。

終章

本質を突く文章術

「わかりやすさ」と偏向は紙一重

ものごとをやさしく説明する手法には、大きく分けると「本質を取り出して見せる」方法と、「わかった気にさせる」方法があります。

こう書くと、後者は読者を騙すような印象を受けるかもしれません。実際、物事を単純化して伝える手法を使いすぎたことが、「マスコミ情報はフェイクニュースだ」「政治的な意図を持って印象操作をしている」という批判に結びついていることは間違いないでしょう。

ただ、商業ジャーナリズムに携わってきた立場からいえば、時間や字数制限など様々な事情があって、多面的な報道が難しいことはあります。これは報道の宿命といってもいいでしょう。また、後で述べるように、両者の手法をうまく組み合わせることで、幅広い読者層に「考えさせる記事」を届けられるという面もあるのです。

いずれにせよ、両方の違いを知っておいて損はありません。文章を書くときだけでなく、マスコミなどの発信する情報を受け取るときにも役に立つ知識だからです。

後者の代表格は、「複雑な物事の一側面にだけ光をあてる」方法です。

どんな現象でも、事実というのは多面的で複雑なものです。言い換えれば、誰がどの方向から光をあてるかによって見え方は全く変わってきます。しかし、そのすべてを文章で書きつくすことはできません。制限字数や制限時間があるからです。つまり、いずれにせよ単純化は避けられ

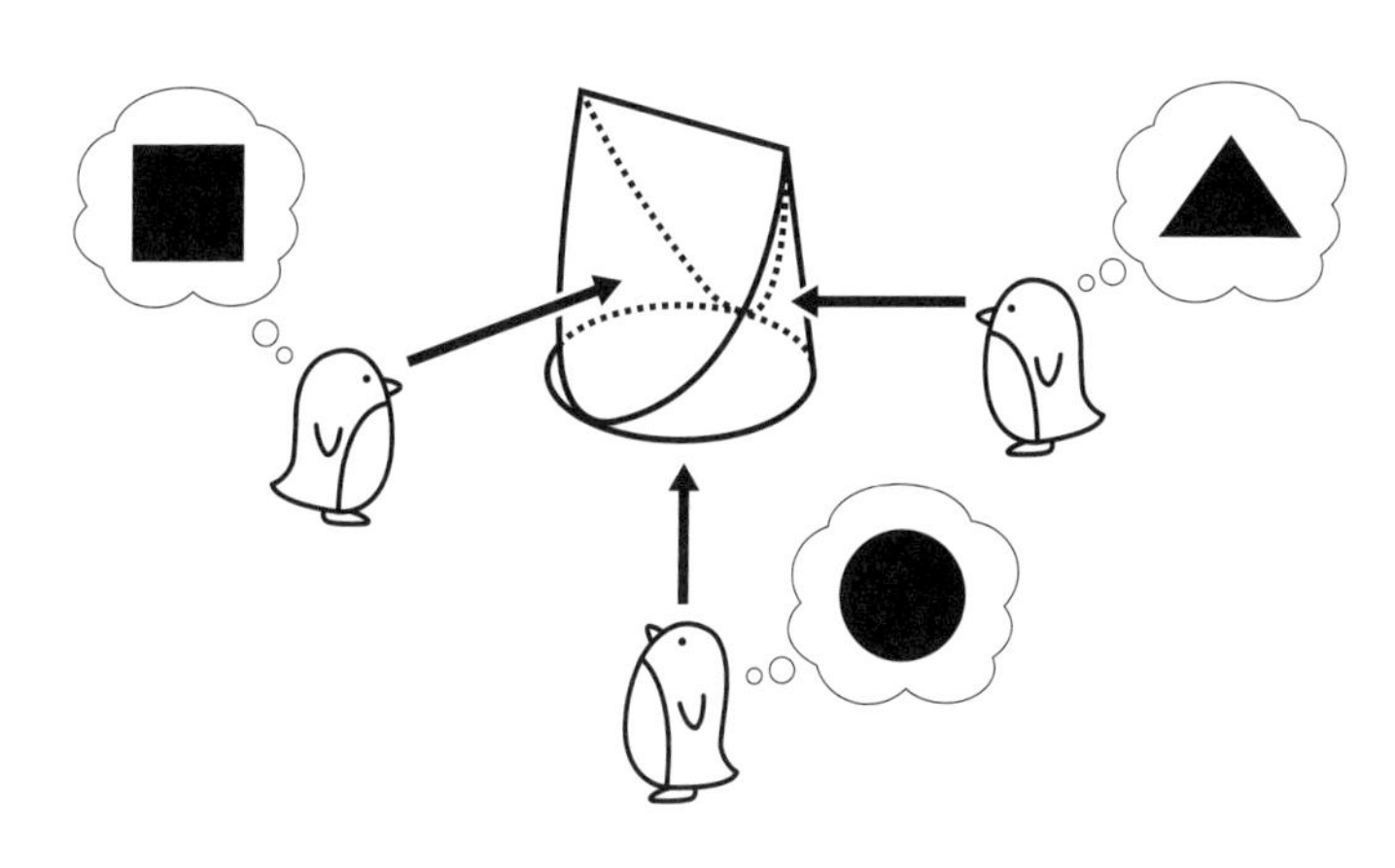

「事実」は見る角度で変わる

ないのです。

このとき、「わかりやすくする」には、ある方向からだけ光を当てます。イラストのように、見る方向を限定して「これは三角形だ」などと言い切るわけです。背後から光を当てれば四角形に、上から光を当てればシルエットは円形に見えるのですが、そう書くと複雑になってしまいます。そこで、「横から見ると、三角形だ」などと、単純化するのです。

このとき、「読者が最も理解しやすい（書き手からすれば説明しやすい）」方向から光をあてます。例えば斜めから光を当てたときに見える形状は文章で書くのは難しいでしょう。そこで、誰もがぱっと思い浮かべることができる「円」を選ぶのです。三角形なら、正三角形や二等辺三角形など様々な種類がありますが、「円」だと形は同じなので説明が簡単だからです。

重要な点は、嘘は書いていないということです。

しかも、わかりやすくて誤解は生じません。これが「わかった気にさせる方法」です。

メディアがニュースを善悪を絡めて報じるのはこの典型といえます。例えば、ある政策の悪い面だけに光を当てれば、読者は「これは悪い政策だ」と白黒がはっきりつく形で受け取れます。

このとき、読者の頭の中では「この政策は良い政策か悪い政策か」と考える作業が省略されます。一見すると二者択一のようでも、実際には考えなければならない要素がたくさんあり、脳にとっては大きな負担になります。逆に、そうした負担を減らせば、読者は考え込まなくても文章を読み進めることができ、心理的にも「楽」なのです。

ただし、この手法に「フェイクニュース」の匂いを感じ取る人は少なくないでしょう。どの部分に光を当てるか、どの情報を捨てるかによって、印象操作も可能だからです。そうした意図を勘ぐられないためには、それが「一つの見方でしかない」ことを明記するなど、字数などの制約が許す範囲で但し書きをつけるべきでしょう。

イメージに訴える

もう一つは、論理ではなくイメージに訴える手法です。

人間の頭脳は、もともと自然に論理的な思考をするようにはできていません。むしろ放っておくと直感や印象で判断することの方が多いのです。

これは動物としての人間が進化する中で備わった習性です。人間が、誰もがお互いの顔を知っているような小さな集団で生活していたころは、そうした直感や印象だけで物事を判断しても十分にやっていけました。しかし、人間はある時期から、言葉を獲得し、論理的に考えるようになったのです。

論理的に考えた結果が、直感や印象を裏切ることはよくあります。例えば「私たちが住んでいる大地は丸い」「太陽が動いているのではなく、私たちが住んでいる大地の側が動いている」といった事実は、観察に基づいて論理的に考えるとたどりつく結論です。しかし、そのような主張は、長らく信じてもらうことができませんでした。あまりにも直感や印象からかけ離れていたからです。

人間に生まれた時から備わっている直感による判断の仕組みは、私たちが日常を過ごす中で大きな役割を果たしています。生活の中で必要になる判断のほとんどは、直感や印象だけでもうまくいきます。逆に、すべてを論理的に考えていては時間がかかりすぎて何もできなくなりますし、疲れてしまうでしょう。

しかし一方で、人間が動物としての限界を乗り越えて「文明」を作ってからは、論理的な思考が不可欠になりました。アイフォンのような「直感で動かせる機械」も、仕組みは完璧に論理に基づいて考えなければ作れません。

しかし、この新しい頭の使い方は、人間に生まれつき備わっているものではありません。教育や訓練によって、後から身につけなければならないものなのです。このため、自覚的に意志の力で起動しなければ動き出しません。その際、あえて別のシステムである直感や印象を「オフ」に

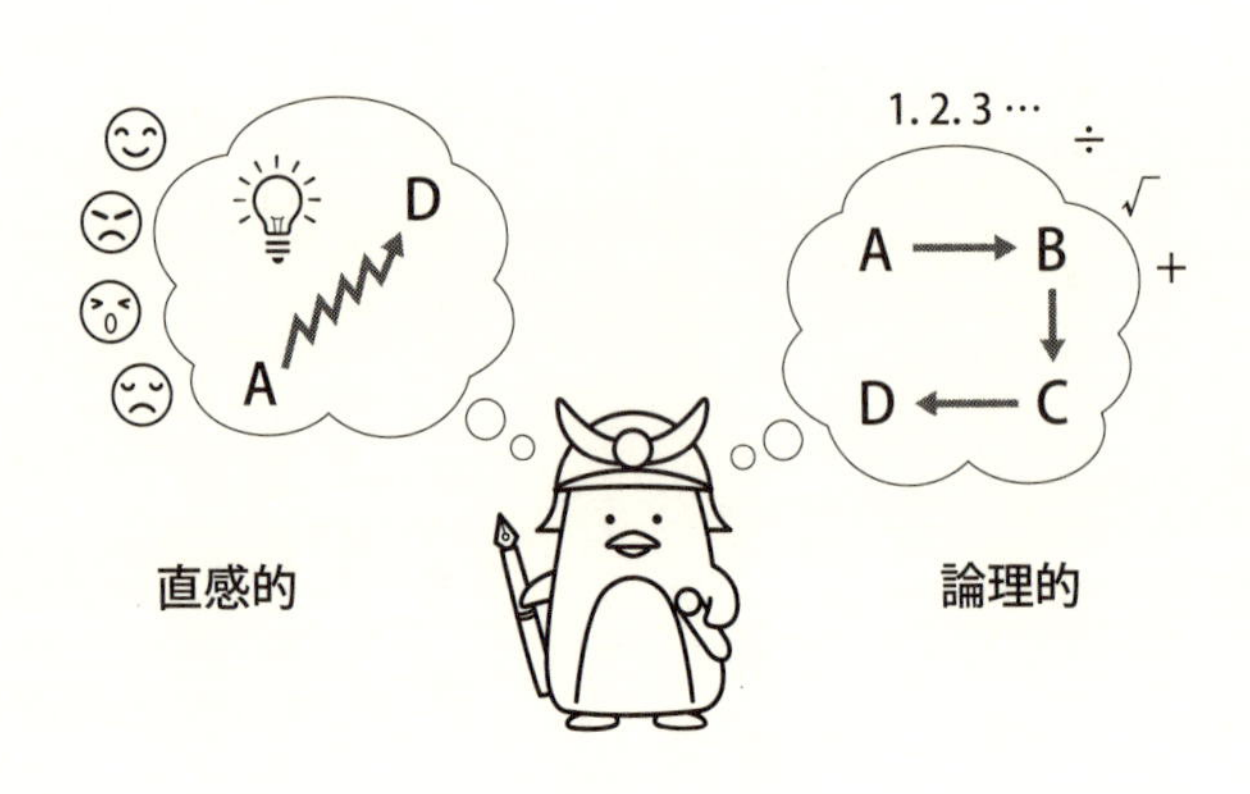

人間の思考回路は2種類ある

しなければならない場面もあります。要するに、とても頭や心に負担をかけるのです。

2002年にノーベル経済学賞を受賞したダニエル・カーネマンは、二つの思考回路を「システム1」「システム2」と呼んでいます。人間は場面によって両者を使い分けており、伝統的な経済学が想定する、コンピュータのように合理的な人間はいない、と考えるのです。

文章も、徹底的に論理的に書くより、読者の誰もが持っており、放っておいても働く「直感・印象（＝システム1）」に受け入れられるように書く方が簡単です。読んでいる方は、その方が楽に情報を処理できるからです。

では、どんな文章を書けばこのシステム1が働くのでしょう。この思考回路は、感情や想像と結びついています。そこで、エピソードや場面を盛り込むことで、読者のイメージを刺激すればいいことになります。とくに、喜怒哀楽を刺激できれば、もう一つのシステムである論理思考は動きにくくなります。

政治的な主張を込めたプロパガンダ（宣伝）では、悲しいエピソードや、苛立ちや怒りを呼び起こすエピソードで始めるのが常套手段です。こうした物語に触れると、論理的な思考回路が働きにくくなるからです。冷静に、論理的に考えれば「うさんくさい」主張でも、説得力をもたせることができるのです。

「本質を突く」方法

これに対し、「本質を突く」方法はずっと難しくなります。論理的思考の回路（システム2）を刺激する必要があるからです。

先に説明した図形の例で、この立体の「本質」を説明するには、どう書けばいいでしょうか。例えば、「光をあてる方向によってシルエットが三角形や四角形、円にもなる物体。物事が見る方向によって全く変わることを説明するのに用いる」と説明できます。この文章を読んだ人が「なるほど！」と思ったとき、論理的な思考回路が起動しているのです。

システム2が働き始めると、「同じことはマスメディアの報道にも当てはまるな」などと、考えが広がり始めます。これが本質を突く方法の効果です。

ただし、この手法を使うには、まず書き手自身が本質を見抜かなくてはなりません。これについては、残念ながらマニュアルはありません。

私が経験から一つだけいえることは、「すぐわかったつもりにならない」ということです。人間は物事に「言葉」を当てはめた瞬間に「わかった気」になってしまいます。お菓子屋さんで「このケーキは美味しい」と言われると、説明を受けた気になりますが、実はほとんど何もわかってはいません。それは、目の前にあるお菓子に「ケーキ」という名前を、その性質に「美味しい」という言葉を与えただけなのです。

本質というのは、そうした言葉を超えた向こうにあるものです。だから、「あなたのいう美味しいとはどんな意味なのか」「何に似ているのか」などと聞いたり、考えたりしなければなりません。それこそが、目の前にある食べ物の本質だからです。

こうした頭の使い方は、日常の中ではなかなかしません。もし身につけたければ「自分で考える」習慣が必要でしょう。誰かの説明や、常識的な理解で満足せず、「要するにこれって何なのだろう」と、いつも考える癖を身につける必要があります。

現在のマスコミが、「本質を取り出してみせる」より、「わかった気にさせる」手法を多用しているのは事実です。ただ、理想が前者であることは、当のジャーナリストたちもよくわかっています。文章構成のパターンである「起承展転結」も、元はと言えばそうした問題意識から編み出された手法だったはずなのです。

この構成のポイントは、冒頭のエピソードで読者の関心を引くことです。印象的な場面を描写するなどして、心を動かすのです。これはシステム1のスイッチを入れるための仕掛けだといえるでしょう。

しかし、「承」でワンクッション置いた後に始まる「展」には、論文などで使われる論証の手法が取り入れられています。つまり、システム1を刺激することで幅広い読者を引き込み、途中からシステム2が自然に働き始めるよう誘導するのが、この構成の背後に隠された本来の目的なのです。

もちろん、現実の報道をみていると、「起承展転結」のスタイルをとりながら、「展」の部分でも感情を刺激するエピソードを並べて、システム1を刺激し続けようとしている記事も見かけます。システム2を起動する導入としてシステム1を使っているのか、初めから最後までシステム1を利用して読者の印象をコントロールしようとしているのかを見れば、その記者や報道機関のジャーナリズムに対する姿勢が透けて見えるのです。

個人がネットで発表する文章が、マスコミ報道に匹敵する力を持つ時代になりました。それは同時に、一般市民もジャーナリストに準じる責任を背負わなければならないことを意味します。実際、デマやプロパガンダ、炎上といったネット上の問題は、誤報や偏向報道、メディアスクラム（過剰取材）というマスメディアが抱えてきた病弊と瓜二つです。

「記者式文章術」は、明治維新後の新聞人たちが、情報を正確にわかりやすく伝えるために改良を重ねてきたものです。ただ、この技術をビジネスや民主主義の発展に活かすのか、人を傷つける凶器にするのかは、使う人の意思しだいです。強力な武器を手にしたからこそ、かつてはジャーナリストだけが問われてきた情報発信の技術や倫理について、文章を書くだれもが自らの問題として考えなければならない時代でもあるのです。

あとがき

最近、新聞社の人たちと話していると、「若手の原稿がひどくなった」という愚痴を聞くようになりました。原因は、よく言われるような「ゆとり教育の弊害」などではありません。新人記者に手取り足取り教える人が減ってしまったのです。

新聞業界では長らく、仕事は現場で学ぶというのが一般的でした。入社時に研修はあるものの、「文章の書き方」といった座学はほとんどないか、あっても形だけです。実際の訓練は配属後に、先輩からマンツーマンで学んできたのです。

ところが、新聞業界も御多分にもれず、人手不足が深刻化しています。私が日経新聞にいたころから、新人の面倒をみる余裕のある記者やデスクがいない職場が出始めていました。さらに、近年の「働き方改革」「残業追放」が追い打ちをかけています。かつて、仕事の仕方を先輩から教わるのは、朝刊の作業が一段落して手が空く、深夜帯というケースがほとんどだったからです。

似たような話は、他の業界でもよく聞きます。「ヒマな先輩」がいなくなり、競争主義や成果主義の導入で、後進の育成に力を入れる動機も失われました。学校でも教科書で申し訳程度に触れられているだけで、作文教育には十分な時間が割かれていません。つまり、ほとんどの人にとって、文章の基礎を学ぶ機会がないのです。

一方で、ネットの普及によって、だれもが自分の考えを文章にし、不特定多数の人に読んでもらえるようになりました。そういう時代だからこそ、「文章が書ければ……」と悔しい思いを抱えている人は増えているのではないでしょうか。

本書を書いたのは、そうした悩みの解消に、新聞社で学んだノウハウが生かせると思ったからです。記者の文章修行では、いまだに「習うより慣れろ」「技を盗め」といった精神論が幅を利かせています。しかし、技術自体はすでに見てきたように極めて論理的で、標準化されています。一般の人も日常的に目にしている文体ですから、マニュアル化して教育プログラムを作れば、これほど習得しやすいものはないのです。

実は、こうした技術や文体は自然に成立したものではありません。本書で詳しく書くことはできませんでしたが、明治維新後から続けられてきた、研究と技術革新に支えられています。大げさにいえば市民の共有財産なのです。新聞業界で囲い込まれていた技術を一般にも開放し、文章を書いたり、教えたりする現場で活用できる形にしたいというのが、執筆の最大の動機です。

そうした問題意識もあって、関西大学で担当している「ネットジャーナリズム実習」用に、私家版のテキストを書き始めていたので、執筆の話をいただいたとき、それをベースに本書を書くことにしました。このような機会を与えていただいた慶應義塾大学出版会の永田透さんと、授業で多くの気づきを与えてくれた学生の皆さんに、深く感謝いたします。

2018年1月

松林　薫

文章修行のための読書案内

本書は、「ある程度は文が書ける人」を対象にしました。一つの文を書くのにも苦労するという人は、**『大学生のための文章表現練習帳』**（坂東実子）で基礎的な力を養った上で、本書に進んでください。就職活動のエントリーシートに苦戦している人は、**『マジ文章書けないんだけど――朝日新聞ベテラン校閲記者が教える一生モノの文章術』**（前田安正）が参考になると思います。

日本の学校では「文章の型」を教わることはあまりありませんが、英語圏では一般的な教育方法です。「パラグラフは最初の1文を読め」という英文読解の受験テクニックが成り立つのも、「パラグラフの冒頭に重要なことを書く」というルールが共有されているからです。

こうした米国流の作文教育をベースに実用文の書き方を解説したのが**『コミュニケーション技術――実用的文章の書き方』**（篠田義明）です。同書を読むと、わかりやすい文章を書く練習は、ロジカルシンキング（論理的思考法）を身につける近道だということがよくわかります。「文章工学」を提唱した、樺島忠夫の**『文章構成法』**もこれと似たアプローチだといえるでしょう。

「推敲」の腕を上げたいなら、本多勝一の**『〈新版〉日本語の作文技術』**がおすすめです。類書では「良い文例と悪い文例」を二つ並べて説明するのが普通ですが、同書はあらゆる語順を「順列・組み合わせ」で列挙して、違いを分析しています。他人の文章を直す機会が多い人は一読に値するでしょう。

推敲や添削の文例が豊富な解説書としては、**『「伝わる文章」が書ける作文の技術――名文記者**

が教える65のコツ』（外岡秀俊）を挙げておきます。実際の文章教室で提出された文章を添削しているので、一般の人とプロの着眼点の違いがよくわかります。

大学のレポートを書こうとしている学生には、『大学生のための論文・レポートの論理的な書き方』（渡邉淳子）が手頃でしょう。日常会話と改まった文章表現の違いなど、基礎の基礎から説き起こしているのが特徴です。手元に置いて項目ごとに参照するといった使い方もできます。

実用書ではありませんが、「読み物」として面白いのが、谷崎潤一郎や三島由紀夫といった作家が記した『文章読本』です。年代順に読んでいってもいいのですが、事前にガイドブックとして『文章読本さん江』（斎藤美奈子）に目を通しておくといいでしょう。

文豪の文章読本から一つ推すとすれば、谷崎潤一郎のものです。後に書かれた作家系の本は、本書の構成や問題提起をベースにしていることが多いからです。

文章を書くという行為の本質について考えたいという人は、1944年に出版された、里見弴の『文章の話』を紐解いてください。この本がユニークなのは、筆者が「文章は誰でも書けるが、良い文章を書くには良い人間にならなければならない」という信念を持っている点です。

文章とは表現の手段にすぎません。文章の価値を左右するのは、そこに書かれている「内容」であって、個々の表現ではないのです。「文は人なり」が本当だとすれば、文章修行とは単なる技術の習得ではなく、人生修行そのものなのかもしれません。

参考文献

三角洋一ほか『新編　国語総合』東京書籍、２０１７年
東郷克美、井伊春樹ほか『高等学校　改訂版　国語総合　現代文編』第一学習者、２０１７年
亀井秀雄、中野幸一ほか『新探求　国語総合　現代文・表現編』桐原書店、２０１７年
安藤宏ほか『精選　国語総合　現代文編　改訂版』筑摩書房、２０１７年
坪内稔典ほか『高等学校　国語総合　改訂版』数研出版、２０１７年
北原保雄ほか『精選　国語総合　新訂版』大修館書店、２０１７年
伊藤氏貴、影山輝國ほか『精選　国語総合　現代文編』教育出版、２０１７年
中洌正堯、岩崎昇一ほか『高等学校　国語総合　現代文編　改訂版』三省堂、２０１７年
林巨樹、阪倉篤義ほか『国語Ⅰ　新訂版』東京書籍、１９９１年
林巨樹、阪倉篤義ほか『国語Ⅱ　新訂版』東京書籍、１９９２年
長野賢ほか『国語表現　三訂版』三省堂、初版年１９８９
松村明、小松寿雄編『高等学校　国語表現　改訂版』旺文社、１９８６年
野地潤家、新井清ほか『中学校　国語　３』学校図書、２０１６年
中洌正堯ほか『現代の国語　３』三省堂、２０１６年
市川孝編『高等学校　国語表現　四訂版』第一学習者、１９９１年
樺島忠夫『文章工学』三省堂、１９６７年
樺島忠夫『新文章工学』三省堂、１９７８年

樺島忠夫『文章構成法』講談社、1980年
三島由紀夫『文章読本』中央公論社、1995年改版
谷崎潤一郎『文章読本』中央公論社、1996年改版
川端康成『新文章読本』新潮社、1954年
丸谷才一『文章読本』中央公論社、1995年改版
中村真一郎『文章読本』新潮社、1982年
井上ひさし『自家製文章読本』新潮社、1987年改版
斎藤美奈子『文章読本さん江』筑摩書房、2007年
外岡秀俊『「伝わる文章」が書ける作文の技術』朝日新聞出版、2012年
里見弴『文章の話』岩波書店、1993年
波多野完治『実用文の書き方』光文社、1962年
波多野完治『現代文章心理学』新潮社、1950年
宇野隆保『新聞のことば』宝文館、1957年
宇野隆保『生きた文章の書き方』有紀書房、1963年
文部省編『やさしい新聞文章』文部省、1950年
堀川直義『記事の書き方・直し方』日本経営者団体連盟弘報部、1964年
渡邉淳子『大学生のための 論文・レポートの論理的な書き方』研究社、2015年
松林薫『新聞の正しい読み方』NTT出版、2016年
松林薫『「ポスト真実」時代のネットニュースの読み方』晶文社、2017年

中馬清福『新聞は生き残れるか』岩波書店、2003年
ダニエル・カーネマン著、村井章子訳『ファスト&スロー（上・下）』早川書房、2012年
河野哲也『レポート・論文の書き方入門（第3版）』慶應義塾大学出版会、2002年
本多勝一『（新版）日本語の作文技術』朝日新聞出版、2015年
篠田義昭『コミュニケーション技術』中央公論新社、1986年
共同通信社『記者ハンドブック（第13版）』共同通信社、2016年
編集の学校・文章の学校（監修）『編集者・ライターのための必修基礎知識』雷鳥社、2015年
西村隆次『報道記者のための取材基礎ハンドブック』リーダーズノート出版、2012年
朝日カルチャーセンター『新聞記者入門』大阪書籍、1988年
高橋源一郎『一億三千万人の小説教室』岩波書店、2002年
鈴木信一『文才がなくても書ける小説講座』ソフトバンククリエイティブ、2009年
ディーン・R・クーンツ著、大出健訳『ベストセラー小説の書き方』朝日新聞社、1996年
デイヴィッド・ロッジ著、柴田元幸・斎藤兆史訳『小説の技巧』白水社、1997年
興津要『明治新聞事始め』大修館書店、1997年
新聞編集整理研究会（編）『新編　新聞整理の研究』日本新聞協会、1994年
春原昭彦『新聞のあゆみ（改訂第2版）』ニュースパーク（日本新聞博物館）、2016年
牧野洋『メディアのあり方を変えた米ハフィントン・ポストの衝撃』アスキー・メディアワークス、2013年
ジョセフ・ヒース著・栗原百代訳『啓蒙思想2・0』NTT出版、2014年
Melvin Mencher *Melvin Mencher's NEWS REPORTING AND WEITING TWELFTH EDITION*, McGraw-Hill Education、

２０１０年
坂東実子『大学生のための文章表現練習帳』国書刊行会、２０１６年
扇谷正造『夜郎自大』ティビーエス・ブリタニカ、１９８２年
マシュー・グッドマン著、金原瑞人・井上里訳『ヴェルヌの『八十日間世界一周』に挑む』柏書房、２０１３年
前田安正『マジ文章書けないんだけど』大和書房、２０１７年
杉村楚人冠『最近新聞紙学』中央大学出版部、１９７０年
高橋康雄『物語・萬朝報』日本経済新聞社、１９８９年
早稲田大学ジャーナリズム教育研究所編『レクシャー現代ジャーナリズム』早稲田大学出版部、２０１３年
立花隆『アメリカジャーナリズム報告』文藝春秋、１９８４年
瀬川至朗『科学報道の真相』筑摩書房、２０１７年
シッラ・アレッチ『報じられなかったパナマ文書の内幕』双葉社、２０１７年
ドナ・ウォン著、村井瑞枝訳『ウォールストリート・ジャーナル式図解表現のルール』かんき出版、２０１１年
奥村倫弘『ネコがメディアを支配する』中央公論新社、２０１７年
読売新聞、朝日新聞、毎日新聞、日経新聞の縮刷版

付録1：推敲チェックリスト（□に✓をつける）

□読み上げたとき、つまる箇所はないか。
□1文は40字めど、最長60字に収まっているか。
□漢字の割合は3分の1程度に収まっているか。
□ひらがなで言い換えられる漢字2字熟語はないか。
（例：「増加する」↓「増える」、「把握する」↓「つかむ」）
□文体は統一されているか。（例：「～だ。～である。～です。」↓「～だ。～である。～だ。」）
□文末の繰り返しで単調になっていないか。
（例：「～だ。～だ。～だ。」↓「～だ。～である。～なのだ。」）
□不要な二重否定はないか。（例：「～できないこともない」↓「～できる」）
□ダブり表現はないか。（例：「頭痛が痛い」↓「頭痛がする」）
□漢数字と洋数字の統一、使い分けはできているか。
□形式語がひらがなになっているか。
（例：「～する事」↓「～すること」、「～の時」↓「～のとき」）
□漢字や慣用句の使い方が間違っていないか。（辞書を引く）
□不要な接続詞はないか。
□読者にとって馴染みのない言葉はないか。（言い換えるか、「枕詞」「カッコ書き」の説明を加える）

付録2：「書き出し」表現集

【光景】ルポなどの王道だが、現地取材などが必要で手間がかかる。印象的なエピソードを見つけるには熟練が必要。

飛び交う怒号。泣き崩れる母親。そこはさながら地獄だった。

【回想】テーマが過去の出来事でなくても、現在との繋がりを示せれば幅広く使える。

@@は目を疑った。＊＊が〜していたのである。
もう30年も前のことだ。＊＊で〜したことがある。

【発言】「冒頭のエピソード」としてよく使われる手法。取材の難易度は「光景」よりは低い。

「＊＊＊＊＊」。**@@は思わず呟いた。**

【日付】日付や時間を強調する。5W1Hのwhenを盛り込むというだけでなく、ある出来事を印象付ける働きがある。「8月6日（原爆忌）」「9月11日（米同時多発テロ）」のように、日付だけで何について書こうとしているのか暗示できる場合もある。

＊月＊日、よく晴れた朝のことだった。

そのプロジェクトが始まったのは1990年*月*日のことだった。

【質問】読者に考えさせることで、文章の世界に引き込むことができる。だれでも答えを思いつく質問では効果が薄い。

みなさんは***についてご存知でしょうか。

【疑問】論説の問題提起でも使われる。「質問」と同じで、読者に「答えを知りたい」と思わせることがポイント。

~が**したのは、なぜだったのだろう。

日本はどこに向かおうとしているのだろう。

【推測】取材の必要がないので手軽な反面、合理性に欠ける推測で始めると文章全体の信頼性を疑われるリスクがある。

**は失敗だったのではないか。

悔しかっただろう。敗退した**選手の胸の内を思うと~

【喜怒哀楽】冒頭から筆者の感情を出すことで共感を獲得しやすい反面、主観的な文章になりやすいので注意が必要である。

呆れて物も言えない。先日の＊＊についてだ。
こんなに嬉しいことは二度とないかもしれない。

【言葉】ことわざや故事成語、慣用句などの紹介で始める。一般に知らない言葉を持ち出すと教養をアピールできる。

中国には「＊＊＊」という諺がある。
「＊＊＊＊＊」という言葉があるが、まさにその通りだと思った。先日の＊＊のことである。

【比喩】例えを使う方法。「言葉」の手法に近いが、嫌味な感じは出にくい。凡庸な例えよりある程度、意外性があるといい。

渋柿は干すと甘くなる。＊＊はこれとよく似ている。

【イメージ】「文＋単柱」の形で、イメージを描写する。広告に出てくる「想像図」や「イメージ図」のようなもの。単柱とは「｜」のことで、文末にいれて余韻を持たせ、あとにつなげる役割を果たす。

手ぶらで電車の改札を抜けると、自動で決済が終了｜。近い将来、こんな光景が当たり前になるかもしれない。
＠＠はいかがですか｜。高校生による販売実習が6日、＠＠で始まる。

付録3：4つのパターンのスケルトン例

プレスリリースのスケルトン（逆三角形）

【仮見出し】
「カカオ日和」シリーズに濃度80%の新商品を追加

【リード】5W1H

（株）XYZチョコは×月×日、カカオ濃度が従来品より高いチョコレート菓子を発売する。主力シリーズ「カカオ日和」に、カカオ濃度を80%に高めた「特濃80」を加える。カカオ含有量が70%を超えるチョコレートの市場は拡大しており、従来チョコレートをあまり買わなかった層にも浸透しつつある。大人向けの品揃えを拡充し、少子化による菓子市場の縮小に対応する。

【説明1】商品

・発売日、発売地域、価格・カカオ濃度を80%に高めた「大人の味」
・濃厚でビターな味わいと、芳醇で落ち着いた香り
【写真】パケージのデザイン、商品

【説明2】キャンペーン

・発売を記念し、イメージキャラクター ×××さんのコンサートチケットが当たる抽選

【説明3】背景、狙い

・カカオ含有率70%超の高濃度カカオチョコレート市場は、急速に拡大中
・2017年度は 前年比２倍の売上高（業界調べ）
・「大人の味」が口コミで 広がり、50～ 60代女性や20～ 30代男性にも浸透
・これまでチョコレートを買わなかった層にもアピール

【説明4】捕捉１

・「カカオ日和」シリーズのコンセプト
・「カカオ日和」シリーズのラインナップ
・「カカオ日和」シリーズの主な購買層

【説明5】連絡先

・会社概要
・問い合わせ窓口

調査報告書のスケルトン（三部構成）

【見出し】
設備破損事故の背景に整理整頓の不徹底

【要旨】

広島工場で×月×日、従業員が押す台車が工作機械に衝突し、機械が一時的に使用不能になる事故が起きた。技術検討委員会は×月に関係者に聞き取り調査を実施。背景に、整理整頓の不徹底による動線の複雑化があったと結論づけた。

【序論】事故の概要と調査方法

・事故の経緯
・調査委員会のメンバー、調査対象社、聞き取り方法
・現場の見取り図、写真

【本論】事実関係と分析

＜当事者の証言＞
・日常的に行なっていた作業手順の中で発生・台車の通り道にあった部品の箱を避けようとして手元が狂った
・これまでも何度か「ヒヤリ・ハット」事例があった
＜監督責任者の証言＞
・作業員が仕掛品を運ぶ動線に問題があることは認識していた
・納期が迫り残業が増える中で、機械の配置を変えるなどの対策を先送りしていた
＜分析＞
・背景には、部品や仕掛品の管理のずさんさなどによる動線の複雑化があった
・現場では問題について認識していたが、生産を優先して改善を先送りしていた

【結論】当面の対応策と提言

・動線の早急な改善が必要。機械の配置案などは委員会で検討
・問題が先送りされた背景には多忙による整理整頓時間の短縮がある
・現場で発生する問題に柔軟に対処できるよう、人員配置やシフトも見直す必要がある

インタビュー記事のスケルトン（起承転結）

【見出し】

「進学断念した友の分まで」と一念発起

【リード】

先の見えない不安にとらわれがちな浪人時代。先輩たちはどのように勉強のモチベーションを保ってきたのか。インタビュー連載の第１回は、現在、大学２年生の××さん。友人の進学断念をきっかけにヤル気のスイッチが入ったと語る。

【起】基本情報

・剣道に打ち込んだ高校時代。勉強は二の次の生活
・受験は惨敗。志望校どころか「滑り止め」も不合格

【承】「転」を際立たせるエピソード

・予備校に入ったがヤル気がわかず、自堕落な生活に
・剣道部の親友も浪人したため一緒に遊び歩く

【転】

・転機は夏。予備校の合宿を親友が欠席。父親が倒れ、急遽、彼が後を継ぐ事態になっていた
・親友が進学を断念したと聞き、ショックを受ける
・自分がいかに恵まれた境遇にあるかということに初めて気づく

【結】結末、教訓など

・「友人の分まで頑張らなければ」と思い、本気で勉強を始める。結果は受験した大学は全て合格
・今も、勉強に身が入らないときは、進学できない人のことを想像して気合を入れている

ルポの構想段階のスケルトン（起承展転結）

【見出し】
（主）新聞離れが招く古紙の高騰
（副）流通現場に広がる段ボールの値上がり不安

【リード】趣旨、要旨

燃料費の高騰や人手不足に悩まされてきた流通業界が、新たな試練に直面するかもしれない。梱包に欠かせない段ボール箱などが値上がりする可能性があるというのだ。背景を探ると「リアルからネット」への変化がもたらす意外な側面が見えてきた。

【起】冒頭のエピソード、つかみ

・ある宅配業者が社内に立ち上げた「段ボール節約プロジェクト」の会議風景
・将来の段ボール値上がりを不安視する社長のコメント

【承】趣旨説明、背景説明

・近年の段ボール箱の価格推移
・人手不足などで進む賃金上昇の中で段ボール値上げが持つ意味の説明

【展】論の展開

・**＜事実１＞**背景にあるのは中国での需要増。ネット通販が急拡大
・紙製品を扱う商社の担当者のコメント
・中国以外の新興国でも急拡大するネット通販（データ）
・**＜事実２＞**しかし、国内にも不安要因が
・段ボールの製造メーカー幹部のコメント。「古紙の供給が先細りに」
・日本の段ボール生産の仕組みを解説。主原料に「古新聞」
・「チリ紙交換」など、古紙回収の歴史と最近の変化
・新聞離れが急速に進んでいることを示すデータ
・ニュースが「紙からネット」にシフトしている現状を解説
・**＜分析＞**専門家のコメント「段ボールや再生紙は値上がりする可能性」
【図表】新聞の発行部数の推移のグラフ
【写真】段ボールの製造ライン

【転】場面転換、抑え

・新興国で、日本の古紙回収システムを普及させようとする企業の取り組み
・再生紙の値上がりが電子化、ペーパーレス化を加速する可能性を指摘

【結】問題提起、余韻の残る結び

・「流通の現場はいつもネットに振り回されている」という流通業者のぼやき

慶應義塾大学出版会のサイトに、本書のサポートページを設けました。スケルトンの雛形もこちらからダウンロードできます。QRコードから飛ぶこともできます。

http://www.keio-up.co.jp/kup/kakeru/

ペンの介

名うての剣客だったが、「ペンは剣より強し」と聞き、刀をペンに持ち替えてペン術の道に。ペン道を広めるべく師範として全国を行脚している。日刊紙「時事新報」を創刊した福澤諭吉先生を尊敬している。

著者紹介

松林 薫（まつばやし・かおる）

1973年、広島市生まれ。京都大学経済学部、同修士課程を修了し、1999年に日本経済新聞社に入社。東京と大阪の経済部で、金融・証券、年金、少子化問題、エネルギー、財界などを担当。経済解説部で「経済教室」や「やさしい経済学」の編集も手がける。2014年に退社。11月に株式会社報道イノベーション研究所を設立。著書に『新聞の正しい読み方』（NTT出版）『「ポスト真実」時代のネットニュースの読み方』（晶文社）などがある。

迷わず書ける記者式文章術
プロが実践する4つのパターン

2018年2月20日　初版第1刷発行

著　者――――松林　薫
発行者――――古屋正博
発行所――――慶應義塾大学出版会株式会社
〒108-8346　東京都港区三田2-19-30
TEL〔編集部〕03-3451-0931
〔営業部〕03-3451-3584〈ご注文〉
〔　〃　〕03-3451-6926
FAX〔営業部〕03-3451-3122
振替　00190-8-155497
http://www.keio-up.co.jp/
装　丁――――米谷　豪
ＤＴＰ――――アイランド・コレクション
印刷・製本――中央精版印刷株式会社
カバー印刷――株式会社太平印刷社

Printed in Japan ISBN 978-4-7664-2496-6